JN104469

知っておきたい暮らしのお金

図解 いちばん親切な家族信託の本

オールカラー

宮田総合法務事務所 代表司法書士
宮田浩志 著

ナツメ社

家族信託 ピックアップ NEWS!

民法（相続法）が約 40 年ぶりに改正！

2020 年 4 月 1 日、民法で定められている相続法が約 40 年ぶりに見直されました。急速に進む高齢化社会に対応するため、配偶者居住権や遺言書保管制度の新設、遺留分侵害額（いりゅうぶんしんがいがく）の請求の改正がされています。また、近年増加する、認知症による判断能力低下による預金凍結を回避するための対策も紹介します。

Check 1 配偶者居住権の創設

P74 もチェック！

2020 年4月1日施行の改正民法では、高齢の配偶者が住まいを失わずに生活資金を得やすくするため、「**配偶者居住権**」が創設されました。

配偶者は、遺産分割協議や遺贈によって配偶者居住権を取得することができます。配偶者居住権は、相続発生によって遺（のこ）された配偶者が被相続人の所有する建物（夫婦で共有する建物でも可）に居住していた場合に、**相続発生後も配偶者が賃料の負担なくその居住建物に住み続けることができる権利**です。

配偶者居住権のメリット

❶二次相続時の相続税の節税効果がある

配偶者死亡時（二次相続発生時）において、配偶者居住権は消滅して相続税の課税対象財産にならないため、相続税の節税効果が見込める。

❷紛争性のある争族に活用できる（争族対策）

遺産協議が難航した際に遺産分割調停で活用できる。配偶者居住権を活用して、配偶者の老後の生活資金もある程度確保することで解決を図ることが可能に。

●配偶者居住権とは？

以下の図は、夫（被相続人）が亡くなり、妻および子が相続人として遺産分割を行う場合の例です。遺産が自宅（2,000 万円）および預貯金（3,000 万円）だった場合を見てみましょう。妻と子の法定相続分は各 1 ／ 2（妻 2,500 万円:子 2,500 万円）となります。

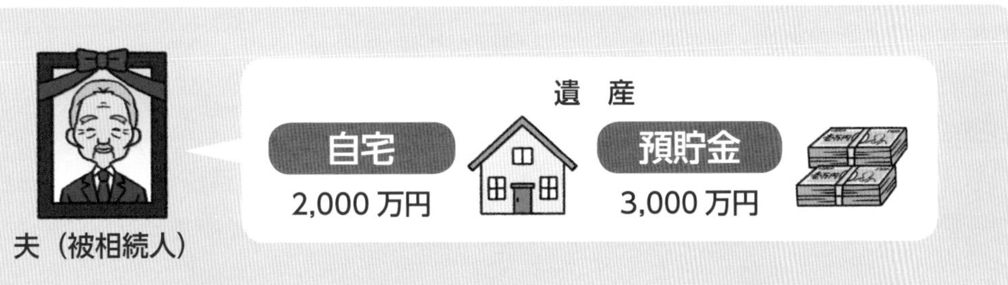

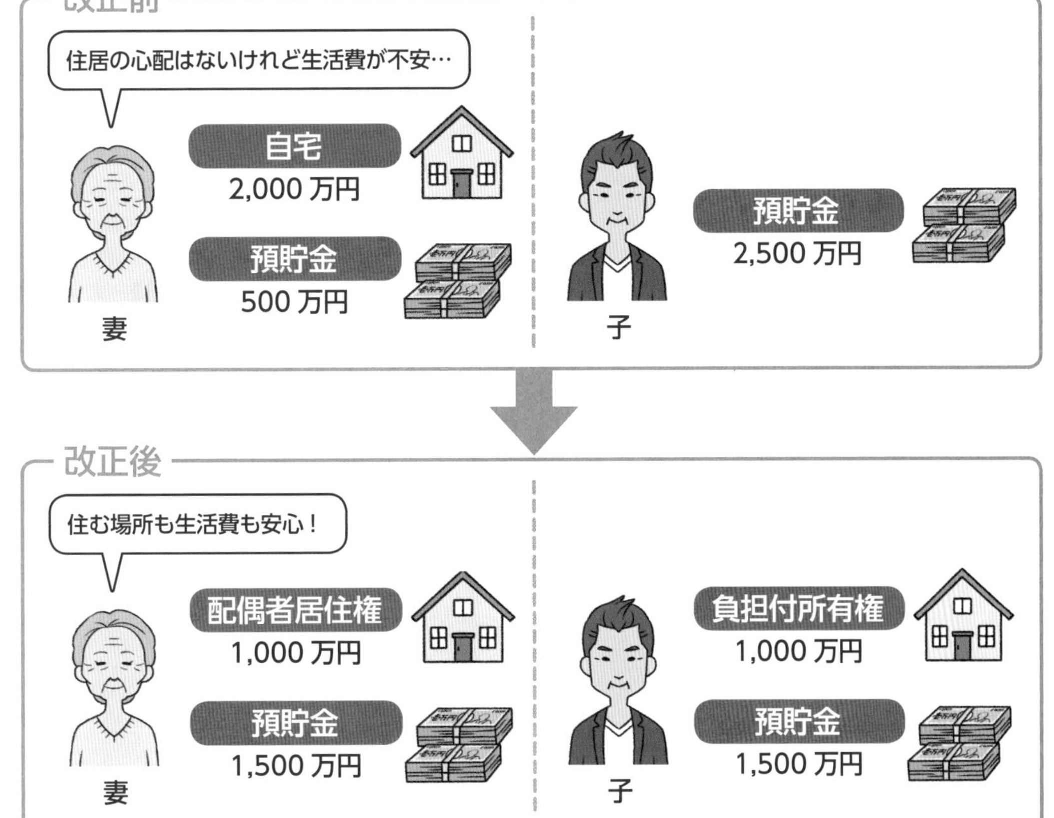

配偶者居住権にはメリットとデメリットがあります。それらを踏まえて家族信託と比較してみましょう（詳細は P75・P182 参照）。

P52も
チェック！

遺留分侵害額請求の改正

相続に際し、相続人のために民法によって最低限保証された一定割合の相続財産がもらえる権利のことを「遺留分」といいます。「**遺留分侵害額請求**」とは、遺留分を侵害されている相続人が、遺留分を侵害している受遺者や受贈者、あるいは他の相続人に対して、その侵害額を請求することをいいます。

改正前は「遺留分減殺請求」という名称でしたが、新制度では遺留分侵害額請求と名称が変更され、**遺留分権利者に対する支払いが金銭に限定**されたことがポイントです。

遺留分侵害額請求のポイント

❶遺留分侵害額は金銭で精算が原則

遺留分権利者への支払いが金銭に限定されたことで、不動産持分や自社株を持たれ、複雑な権利関係となるリスクがなくなった。

❷遺留分対策は引き続き必要

遺留分侵害額に相当する金銭を原則一括払いするために、どのように金銭を工面するか、遺留分をどう減らすかの対策は引き続き必要。

Check 3 自筆証書遺言の保管制度の創設

P124もチェック！

2020年7月10日から、本人の手書きによる遺言書である**「自筆証書遺言（本人の手書きによる遺言書）」の保管制度**が始まりました。遺言には、自筆証書遺言、公正証書遺言、秘密証書遺言の3つの方式がありますが、改正民法によって「法務局における遺言書の保管等に関する法律（遺言書保管法）」という新しい法律が施行され、**自筆証書遺言を法務局で保管**してもらうことができるようになりました。

遺言書の3つの種類

自筆証書遺言	公正証書遺言	秘密証書遺言
本人の手書きによる遺言書	公証役場で公証人に遺言内容を伝えて作成する遺言書	遺言内容を秘密にしたまま、公証人に遺言の存在のみを証明してもらう遺言書

自筆証書遺言の保管制度創設と方式緩和

1 保管制度の創設

自筆証書遺言を法務局に保管できる制度（遺言者本人のみ申請可）。相続人等は遺言者の死後、法務局に遺言書の閲覧等を請求できる。

制度の主なメリット

- 遺言書の紛失・消失、相続人等が遺言書を発見できない事態を回避できる
- 自筆証書遺言でありながら家庭裁判所の検認手続きが不要
- 生前に遺言内容が相続人等に知られてしまうリスクを回避できる

2 自筆証書遺言の方式緩和

自筆証書遺言のうち、財産目録に関する部分は、通帳・登記簿のコピーを付けたり、パソコンで作成したりすることも認められるようになった。

Check 4 老親の判断能力喪失による“預金凍結”対策

親が高齢になると、認知症等によって親名義の預貯金口座から、生活費・介護費用や入院・入所費用が下ろせなくなる事態（いわゆる“**預金凍結**”）が懸念されます。預金凍結を回避するために、**親が元気なうちに対策を取ることが重要**です。

対策1 信託口口座（しんたくぐちこうざ）や信託専用口座に預貯金を移動させる

家族信託のしくみを活用する。家族信託に基づく「信託口口座」または「信託専用口座」に預貯金を移動させ、受託者たる子に管理を任せる（信託口口座と信託専用口座については、本書のP100で詳しく解説）。

本書では家族信託のしくみや他制度との比較、活用事例まで解説しています。

対策2 生前贈与で子の財産にし、老親の生活・介護費用をまかなう

生前贈与によって子の財産にして“預金凍結”を防ぎつつ、その財産で老親の生活・介護費用をまかなう。ただし、生前贈与は贈与税の課税の問題が生じるため、受取人一人につき1年間で110万円まで非課税枠がある「暦年贈与」の制度を使う、あるいは受取人一人につき2,500万円までは非課税だが、相続発生時に課税対象財産に算入して精算が必要な「相続時精算課税制度」を使うといった選択肢を検討することも必要。

税負担を抑えつつ、どのように贈与制度を有効活用するかは、専門家に相談をしながら検討すべきです。

対策3 金融機関ごとの「代理人制度」を利用する

金融機関（銀行・信用金庫・証券会社等）によっては、「代理人制度」を設けている場合がある。これは、口座名義人たる老親が元気なうちに「代理人」を届け出ておくことで、預金者が銀行窓口で預金の払戻しができなくなる事態や、証券会社に有価証券類の売買発注ができなくなる事態が生じても、代理人（主として子）が払戻しを受けたり、売買発注ができたりするようにする制度（制度の有無は金融機関に要確認）。

代理人制度は、届出をすれば老親が元気なうちから代理人も権限を持つことができる「即効型」と、届出をしてもすぐには使えず、将来老親の判断能力が低下したことを証明する診断書を提出することで代理人の権限が与えられる「予約型」に分けられます。

対策4 老親のキャッシュカードをそのまま利用する

あまりお勧めできるものではないが、老親が持っているキャッシュカードを預かり、教えてもらった暗証番号をもとに子がATMで親の生活・介護費用を下ろすという便宜上の対応策。親の預金をきちんと親の生活・介護のために使う限りにおいては、法的にも税務的にも特に問題は生じない（P71参照）。

注意点

❶キャッシュカードの再発行手続きは原則として預金者である老親の本人確認が必要。もし老親の判断能力が著しく低下してしまった後にカードの紛失や磁気不良が起きたら、再発行ができず、預金が下ろせなくなる事態が起こり得る。

❷家族内で事前の了解がないと、後日家族内で使途不明金等の問題を巻き起こす場合も。家族会議で、誰がキャッシュカードを預かり、どのように対応するかをきちんと話し合うことが重要。

対策5 親の年金受取口座を施設利用料の引落口座に設定する

２カ月に１回受け取る年金を“凍結”させずに有効活用する手段として、親の年金受取口座を施設利用料の引落口座に設定するのも効果的。任意のタイミングで任意の額を下ろしたり、送金したりすることはできないが、既に高齢者施設に入所されている場合や、入所する予定だが入所一時金の支払いに支障がない場合であれば、この対策で十分なケースもある。

年金受取口座を施設利用料の引落口座に設定する方法は、最もアナログですが、とても効果的な方法になり得ます。

なあ ゆり子
うちの親父たちの
ことなんだけど

どうしたの
急に
親父もお袋も
もういつ逝(い)ってもおかしくない年齢に
なってきたし……
そろそろ相続とか
真剣に考えないと
いけないなって
ゆり子の父さんのとき
大変だったじゃん

そうねえ
お義母(かあ)さんも
軽い認知症だし
ハァ…
お義父(とう)さんが
元気なうちに
いろいろ
決めないとね……

4年前
高橋さん
○○病院から
電話が……
病院？
はい、わかりました

お父さんが!?
すぐに
向かいます！
えぇ!?

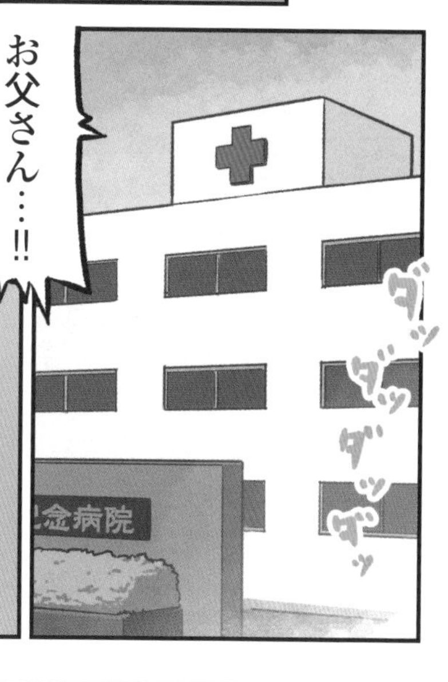
ダッダッダッダッ
念病院

お父さん…!!
ガラ
うぅ〜ん…

お父さん
退院できても
もう一人で暮らす
のは厳しいって…
ゆり子は
どうしたいの？
できるだけ
いい施設で過ごさせて
あげたいのが本音
それなりに
お金かかるぞ？
きっと

貯金も年金もお父さんのお金だし使い切っちゃってもいいと思ってる
良二義兄さんはなんて言ってるんだ？
一度ちゃんと話したほうがいいんじゃないか

兄さんとはまだ話せてないのよ遠方に住んでいるし
お父さんとも疎遠だからなにも言ってこないと思うんだけど……

今週末病院で会う約束をしているからそのときに話してくる

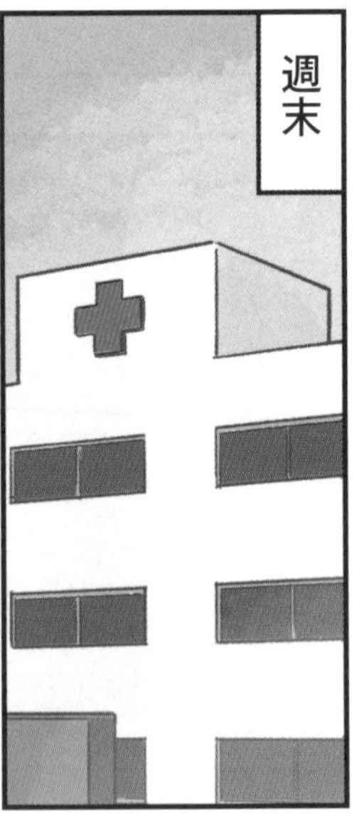
週末

それでお父さんのことなんだけど……近くの有料老人ホームとかに入れてあげたいのよ
利用料は少し高いけど最後くらいいい暮らしをさせてあげたくて
でもなぁ…
特別養護老人ホームとかじゃダメなのか

利用料は安いほうがいいだろう
じゃないと遺産が減る一方じゃないか

遺産なんてどうでもいいじゃない
もらえたら御の字よ
もらえるものはもらわないとお前だって生活が楽なわけじゃないだろ

実は実家を売ろうと思ってるのよ
介護費用の足しになるだろうし
え!?

売るのはいいけど協力はできないよ
忙しいし

それで売ったお金の管理はゆり子が?
カチン
ムゥ
それは反対だな……

ちょっと
なんで反対なのよ
そもそも兄さんはお父さんのお世話する気なんてはなからないじゃない
そんな人に口出しされたくない
それともなに？
弁護士を後見人に立てればいいわけ？

そんなに怒るなよ
昔から短気だな～
私がお金をくすねるとでも思ってるわけ？
信じられない
キーッ
弁護士にお願いできるなら安心だよ
売らなくていいなら本当は売りたくないけどね

よくお父さんの前でそんなことが言えるわね
最低だわ！
とにかく家は売るから
最低とはなんだよ
もう勝手にしろ！

失礼します
廊下まで声が響いているのでお静かにお願いできますか……
ガラ

すみません……

現在
結局弁護士に後見人を頼んだけど費用もバカにならなかっただろ？
それが原因で良二義兄さんと会うこともなくなったじゃないか
そうね……あのときは本当に大変だったわ

だから親父とお袋が元気なうちにいろいろ決めておかないとなと思ったんだ
兄弟だけで決めると絶対にもめるからさ

でも事前に備えるって一体何ができるのかしら？

はじめに

超高齢社会において、親世代の“老後”はとても長くなり、「人生 100 年時代」といわれるようになりました。私もこの仕事をやっていて、元気な 80 歳代・90 歳代の方を多く見かけることが増え、日々それを実感しております。

例えば、70 歳代半ばの元気な親世代がこれからの“老後”に備えるとき、今から約 25 年の財産管理と生活サポートの体制を考えなければなりません。約 25 年分の生活費・介護費用をどう捻出するか、もし自宅での暮らしがままならなくなったときにどのような対処をするか（子どもと同居するか、施設入所するか等）、その対処は誰が担うか、といった大きな課題があります。

親世代がそれらの課題にきちんと向き合うことはとても重要ですが、決して親世代だけでこの課題は乗り越えられません。一生涯元気に過ごし、“ピンピンコロリ”となれば、それこそ幸せな大往生となるかもしれませんが、晩年は誰もが認知症や病気などで要介護状態になることが多分に想定される中で、支え手となる子世代を交えて検討しないことには、“老い支度”としては不十分となります。

親が元気なうちに、自分の老後生活の希望やその先の資産承継の想いを、配偶者や子に対して直接自分の言葉で伝えることは何よりも重要です。親と子が一堂に会して話し合う場を「家族会議」と呼んでいますが、すべての家庭において、ぜひこの「家族会議」を開催していただきたいと思っています。

この本を通じて、家族信託というしくみを知っていただきたいのはもちろんですが、「家族会議」を開催することの重要性を皆様にもっともっと認識していただき、一つでも多くの家庭で「家族会議」が開かれることを切に願います。

「認知症対策」「信託財産」「受益者」など、難しい漢字・言葉が並んでいるかもしれませんが、心配はいりません。どうぞ気軽にさらっとお読みいただければと思います。なぜなら、この本の内容は、預金通帳の管理や ATM からの預金払戻し、賃貸アパートの家賃管理といった、財産を持つ老親に代わって子世代が管理をするという実はどの家庭でも普通にやっていることのお話だからです。それを法律的に憂(うれ)いなく万全にするのが「家族信託」だとわかってしまえば、そう難しく考えることはないのです。

家族・親族の皆が安心・納得できる財産管理のしくみづくりをするための第一歩として、ぜひともこの本をお役立てください。

それでは、素晴らしき「家族信託」の世界の扉を開きましょう！

司法書士・行政書士　**宮田 浩志**

登場人物紹介
高橋家の人々

高橋 道男(80)

頑固な性格のため亮介や沙耶香とよくぶつかる。年齢のことをいわれるのは嫌いだが、実は相続について考え始めている。

高橋 あけみ(75)

軽度の認知症を患っている。穏やかな性格で、夫の道男とは仲がよい。次郎のことを心配している。

高橋 次郎(41)

高橋家の次男。軽度の知的障害があり、作業所で就労している。道男とあけみと同居している。

島田 沙耶香(44)

高橋家の長女。遠方（他県）に暮らし、子どもはいない。勝ち気な性格で、子どもの頃は亮介とよくケンカをしていたが、実は亮介のことを信頼している。

高橋 亮介(48)

高橋家の長男。会社員。高齢の父と認知症の母を心配している。父母が住む家の近所に住む。父の道男に老後と相続の話を切り出したいと思っている。

高橋 ゆり子(42)

亮介の妻。パートで平日の日中は働いている。実父が数年前に脳梗塞で倒れた際、介護や相続の話で兄ともめた経験から、高橋家の相続について心配している。

高橋 由香里(14)

中学生。亮介・ゆり子の長女。

高橋 亮太(17)

高校生。亮介・ゆり子の長男。

斉藤先生

税理士。高橋家の家族信託の実現を税務面からサポートする。

宮田先生

司法書士。家族信託の専門家。高橋家の円満な資産承継をサポートする。

図解 いちばん親切な家族信託の本 目次

第1章 家族信託のしくみ

第2章 他の制度と家族信託の比較・使い分け

第3章 家族信託と家族会議の実務

第4章 家族信託の税務

第5章 家族信託の代表的な活用事例

本書の使い方

家族信託のしくみや他制度との比較、家族信託の進め方や手続きなどを図解でわかりやすく解説しています。本書を活用することで、家族信託についての理解を深めることができ、慣れない手続きにもしっかり対応することができます。

それぞれの項目は見開き２ページで完結するように構成しています。左ページには本文を図解した解説が入っています。

Point
この見開きページで最も重要な点を示しています。

ココをおさえる！
この見開きページで解説している内容を２～３つの要点にまとめています。

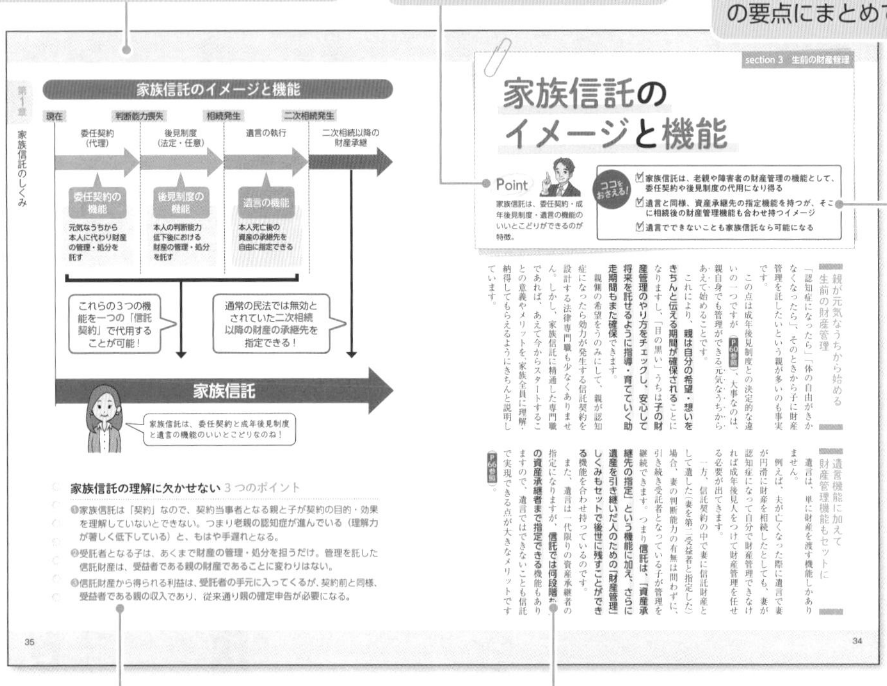

囲み情報
囲み情報では、知っておいてほしいポイントや用語、法律などを解説しています。

本文
各項目で理解してほしい内容を平易な文章でまとめています。

マンガで解説！
家族信託のしくみや進め方を、マンガで解説しています。

高橋家の奮闘を通して、家族信託についての理解を深めましょう。

第1章

家族信託のしくみ

宮田総合法務事務所

なんか緊張するね
こういうところに来るのも初めてだしな

初めまして！司法書士の宮田と申します
本日はよろしくお願いいたします
よろしくお願いします

ご両親の老後の備えについてご不安を感じていると
フムフム
母が軽い認知症を発症しているのと父が80歳ということもあって

お父様の
体調や理解力は
いかがですか？

そうですね
うーん
80歳になりますが
病気もせず健康です

わかりました
では
まずご両親の
保有財産を
教えていただけ
ますか？

えーっとですね
戸建ての持ち家が1軒
それとアパートが
2棟あります
貯金は
2000万円
くらいですね

なるほど
では
次にご家族構成を
教えてください

高橋道男
あけみ
次郎
（島田）沙耶香
亮介
ゆり子
由香里
亮太
両親の家の近くに住んでいます
両親と同居
結婚して姓が変わりました

私が長男で
私の下に長女
長女は既婚ですが
子どもはいません

さらにその下に次男が
次男は軽度の
知的障害を持っていて
作業所で働いています

みなさん
それぞれどのように
お住まいですか？

次男の次郎は
父と母と同居していて
私たちはその近所に
長女の沙耶香は
遠方に住んでいます

私たちには
子どもが
2人います

ご両親の老後や
相続についての
ご要望はありますか？

父は老後より
相続のほうが
心配なようで…

ご両親は
障害を持つ次郎さんに
資産をより多く
残したいと思っていて

でも親子間、兄弟間
ではまだ何も話した
ことがないと

両親はこういった話をあまりしたくないみたいで
もめずに老後と相続の方向性を固められればいいのですが……

「家族信託」というしくみがあるのですがご存知ですか？

かぞくしんたく？

親が元気なうちから子どもに財産の管理を任せて

いざというときに困らないようにしておくしくみです

例えば道男さんが認知症で理解力が低下したときに何の備えもしていなければまとまった預金を誰も引き出せなくなります
いわゆる〝預金の凍結〟というリスクです
ですが家族信託制度を利用すれば財産の凍結を防ぐことができます
入院・介護が必要になったときに道男さんに代わって亮介さんが不動産を活用・処分して入院費を捻出することもできます

そんな制度があるのね
父さんも母さんも元気なうちから俺たちが財産管理できるのは理想だな
ご両親の考えもお聞きしたいので直接お会いすることはできますか?

数日後
わざわざご足労いただきありがとうございます
先日亮介さんとゆり子さんがご相談にきてくださいまして
勝手に俺の話をするなんて……

これからも長く続く生活についてきちんと備えをしておくことは大切です
例えば道男さんご夫妻に介護や入院・入所が必要になった場合
その費用は十分にまかなえるのかまた誰が主体となって手続きをするのか……

老後について親子で話したことはないな

家族信託ではこれから道男さんに訪れるかもしれないライフステージにおける3つの機能を一つの信託契約で実現できるのです

家族信託の特徴

元気なときから財産の管理・処分を託す	→	委任契約の代用
本人の判断能力低下後の財産管理・処分を託す	→	後見制度の代用
本人が死亡した後の資産承継先を自由に指定できる	→	遺言の代用

別物だった制度がひとまとめになって俺が判断できる間にすべてを決められるのか

ホホウ

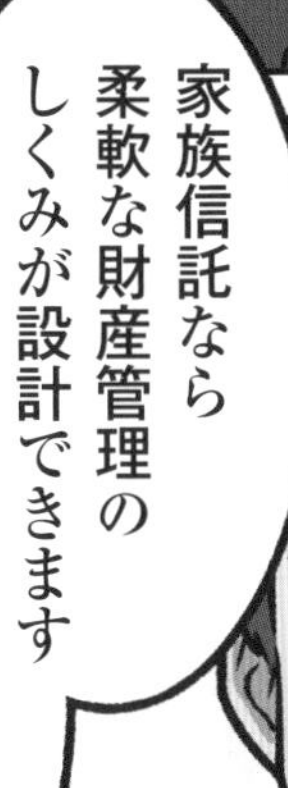

「信託（しんたく）」とはどんなしくみか？

Point

「信託」は、委任や成年後見、遺言などと並ぶ財産管理と資産承継のしくみ。

ココをおさえる！

- ☑ 信託は、実現したい未来のために財産の管理や処分の権限を他者に託す手段
- ☑ 信託は、老親や障害者の「財産管理」と円満円滑な「資産承継」の２大機能を持ち、様々な場面で活用が期待できる画期的な最先端の方策

大切な財産を信頼できる相手に信じて託（たく）す

「信託」とは、「信託法」という戦前からある法律を根拠とする財産管理の手法です。平成19（２００７）年の信託法改正でこのしくみが一般の人にも使いやすくなったのを契機に、特に近年は、超高齢社会における認知症対策を踏まえた老親の財産管理・処分のしくみとして注目を集めています。

信託には様々な形態がありますが、最も典型的なのは、**現在財産を持っている人が、何かを実現したいという目的（これを「信託目的」という）のため、他者に財産を託し、その他者は信託目的を実現するためにその財産の管理や処分を行う**というケースです。

何を実現したいかという目的によっても、託す財産の中身によっても、また誰に託すかという相手によっても、さらには託すやり方によっても、信託の設計は異なりますので、様々なバリエーションに富んだ自由な設計ができることにその特徴があります。

信託は、財産管理や資産承継の現場で従来から用いられていた方策としての「委任契約」や「成年後見制度」「遺言」に代わり得る方策、あるいはそれらと併用することでそれらの弱点・限界を補うことのできる最先端のしくみだといえます。

一つの信託で２つのニーズをかなえる機能を持つ

信託には、２つの大きなニーズに対応できる法的機能があります。この２大機能により、委任や成年後見、遺言などの方策では必ずしも個人の老後や相続に関するニーズに応えられていなかった部分にも、対応できるようになっています。

この２つの機能とは、「財産の管理・処分」と「資産承継先の指定」です（P34参照）。

具体的には、**認知症のリスクがある老親やサポートを必要とする知的障害者・精神障害者の生涯にわたる財産管理を担う機能**。もう一つは、**遺言と同様に財産を自分の遺したい相手に遺したい方法で円満円滑に渡せる機能**（これを「遺言代用機能」という）です。

信託契約のしくみ

委託者
財産を預ける人

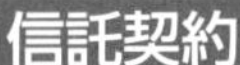

信託契約

管理・処分権限

信託財産

受託者
財産を預かり管理する人

受益者
預けた財産から利益を受け取る人

受益権（財産給付・分配）

まずは信託契約の基本的なしくみとして、委託者・受託者・受益者の関係を押さえておきましょう。以下の「信託の基礎用語」を覚えておくと、理解しやすくなります。

信託の基礎用語

委託者：財産を預ける人
受託者：財産を預かり管理する人
受益者：預けた財産（信託財産）から経済的利益を受け取る人
信託財産：預ける財産。家族信託では、不動産・現金・未上場株式が中心
信託目的：何のためにこの信託が設定されているか、信託設定の趣旨・大義名分
受益権：信託財産から経済的利益を受けられる権利のこと
信託行為：信託を設定する方法で、
❶契約（信託契約） ❷遺言（遺言信託） ❸信託宣言（自己信託）
の３つがある

商事信託と民事信託・家族信託

Point

プロに財産管理を託す「商事信託」と、信頼できる個人等に託す「民事信託」の違いを理解し使い分ける。

ココをおさえる!

- ☑ 商事信託には、預かる財産や設計に制約がある
- ☑ 信頼関係を前提として家族に託す家族信託は、柔軟な設計が可能
- ☑ 家族信託を検討する際は、家族信託に精通した専門家に相談すべき

余剰資金や収益物件をプロに託す商事信託

日本では信託銀行・信託会社による「商事信託」がメインでした。これは、投資信託やバブル期の土地信託など、自分で資産を管理運用せずに、信託銀行・信託会社にあえて報酬を払って運用を任せ、運用益を獲得したり、資産価値の増加を図ったりするというものです。

商事信託において、**信託銀行等は、金融庁の監督のもと、「信託業法」という厳しい法律規制の中で売上をあげるために、預かる信託財産や条件を限定せざるを得ない**という事情があります。

つまり、信託銀行においては原則金銭のみを信託財産とし、信託会社においては、金銭に加え収益性の高い大都市の収益物件や更地などに限定し、自宅や収益性の低い物件、地方の物件などは、預からないというのが実情です。

商事信託ができないことも民事信託・家族信託で可能

一方の「民事信託」は、プロではない相手に託す信託のしくみの俗称です。したがって、信託業法の適用も受けませんので、**親子間・親族間等で納得して契約したものについては、原則自由に預かることが可能**です。

自分の想いや財産を託すことができるのは、一番信頼できる子や孫、兄弟、甥姪等の家族・親族です。この**家族・親族を受託者として財産を託す形態を「家族信託」**と呼んでいます。

家族信託は、商事信託と違って、信頼関係を前提として財産を託します。**預かる信託財産の制約もなく、信託の設計についても柔軟にできます**ので、同じ信託法を根拠とする信託のしくみであっても、商事信託とはまったく違うものになります。

商事信託に精通した信託銀行員や弁護士が、家族信託について必ずしも優れたコンサルティングができるとは限らないのはこのためです（家族信託の契約書について、商事信託の契約書を流用しようとする法律専門職に相談すること自体が危険です）。

商事信託と民事信託・家族信託の違い

個人信託

商事信託

（主に財産の管理や運用のために信託銀行や信託会社が営利目的で行う信託）

民事信託

家族信託

福祉型信託

家族信託と商事信託の主な違いは以下の通りです。なお、福祉型信託は高齢者や障害者のための財産管理や生活支援を目的としています。

	家族信託	商事信託
基本的概念	**信頼できる家族に財産管理を託す** ➡実現したい未来のために、契約でどんな権限を「付与」するかが重要	**プロに財産の管理運用を託す** ➡契約で受託者の「権限と責任を明確化」してトラブルを防ぐ
受託者	家族・親族 （未成年者・被後見人等を除く） ※営業目的でない	信託銀行・信託会社 （信託業の免許が必要） ※営業目的（仕事として行う）
費用	**信託設定時のコスト** ❶信託設計コンサルティング報酬 ❷公証役場手数料 ❸信託登記費用（登録免許税・報酬） ※上記❶～❸を合算して信託財産の1.2～2%が概算総額 **信託期間中のコスト** ❶受託者の信託報酬（任意） ❷信託監督人報酬（任意）	**信託設定時のコスト** 預かり資産に対する一定割合 **信託期間中のコスト** 預かり資産に対する一定割合
信託財産	特に制限なし ※不動産、現金、未上場株式が中心だが、最近では上場株式等の有価証券も	信託銀行：原則、金銭のみ 信託会社：会社により制限あり （大都市圏の収益不動産が中心）
契約内容	自由に設計できる ※本人および家族の想いを実現するために必要な設計を専門家が提案	原則として定型的な商品から選ぶ ※顧客ニーズに応じた設計ではなく、顧客側がニーズに合った商品を選択
安心の根拠	信頼できる家族・親族であること	金融庁（信託業法上）の免許、金融庁の監査・監督

家族信託のイメージと機能

Point

家族信託は、委任契約・成年後見制度・遺言の機能のいいとこどりができるのが特徴。

ココをおさえる！

- ☑ 家族信託は、老親や障害者の財産管理の機能として、委任契約や後見制度の代用になり得る
- ☑ 遺言と同様、資産承継先の指定機能を持つが、そこに相続後の財産管理機能も合わせ持つイメージ
- ☑ 遺言でできないことも家族信託なら可能になる

親が元気なうちから始める生前の財産管理

「認知症になったら」「体の自由がきかなくなったら」、そのときから子に財産管理を託したいという親が多いのも事実です。

この点は成年後見制度との決定的な違いの一つですが（P60参照）、大事なのは、親自身でも管理ができる元気なうちからあえて始めることです。

これにより、**親は自分の希望・想いをきちんと伝える期間が確保される**ことになりますし、「目の黒い」うちは**子の財産管理のやり方をチェックし、安心して将来を託せるように指導・育てていく助走期間もまた確保**できます。

親側の希望をうのみにして、親が認知症になったら効力が発生する信託契約を設計する法律専門職も少なくありません。しかし、家族信託に精通した専門職であれば、あえて今からスタートすることの意義やメリットを、家族全員に理解・納得してもらえるようにきちんと説明しています。

遺言機能に加えて財産管理機能もセットに

遺言は、単に財産を渡す機能しかありません。

例えば、夫が亡くなった際に遺言で妻が円滑に財産を相続したとしても、妻が認知症になって自分で財産管理できなければ成年後見人をつけて財産管理を任せる必要が出てきます。

一方、信託契約の中で妻に信託財産として遺した（妻を第二受益者と指定した）場合、妻の判断能力の有無は問わずに、引き続き受託者となっている子が管理を継続できます。つまり**信託は、「資産承継先の指定」という機能に加え、さらに遺産を引き継いだ人のための「財産管理」のしくみもセットで後世に残すことができる**機能を合わせ持っているのです。

また、遺言は一代限りの資産承継者の指定になりますが、**信託では何段階も先の資産承継者まで指定できる**機能もありますので、遺言ではできないことも信託で実現できる点が大きなメリットです（P66参照）。

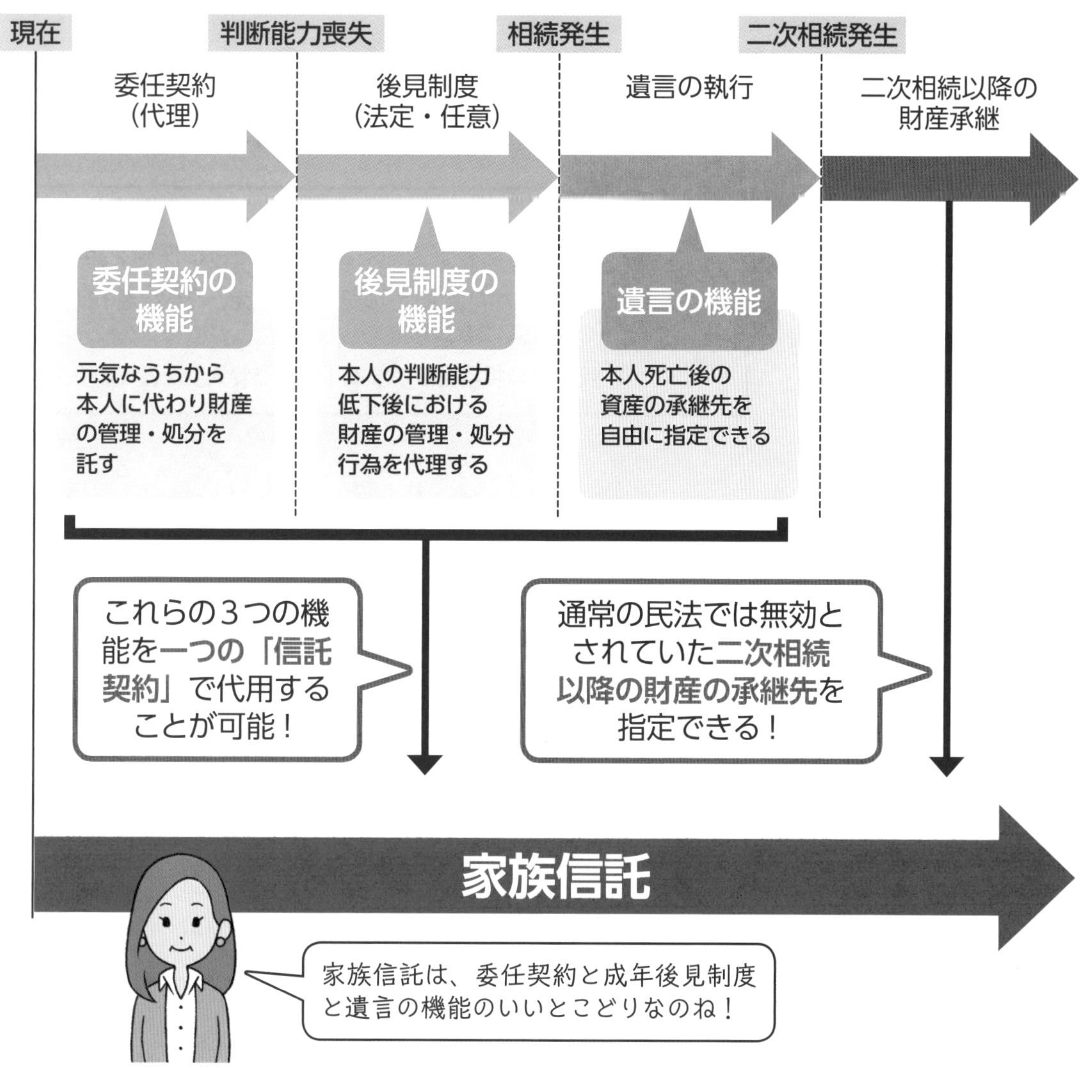

家族信託の理解に欠かせない３つのポイント

❶家族信託は「契約」なので、契約当事者となる親と子が契約の目的・効果を理解していないとできない。つまり**老親の認知症が進んでいる（理解力が著しく低下している）と、もはや手遅れ**となる。

❷受託者となる子は、あくまで**財産の管理・処分を担うだけ**。管理を託した信託財産は、**受益者である親の財産であることに変わりはない**。

❸信託財産から得られる利益は、**受託者の手元に入ってくる**が、契約前と同様、**受益者である親の収入**であり、従来通り**親の確定申告が必要**になる。

家族信託の関係当事者とは？

Point

委託者・受託者・受益者・受益者代理人・信託監督人の大まかな役割を理解する。

ココをおさえる！

- ☑信託は「受益者」のためのしくみで、「受託者」は管理者として信託目的を実現するために任務を担う
- ☑受益者の判断能力の低下に備え、「受益者代理人」を置くことも良策
- ☑受託者の相談相手となる「信託監督人」を置くのも良策

財産の持ち主が受益者、管理を担うのが受託者

法律用語としての難しい定義はありますが、家族信託を理解するうえでは、関係当事者の大まかな意味を理解すれば十分です。左ページの関係当事者と役割を理解しましょう。

「委託者」は、現在財産を持っている人のことで、これから管理を託す立場の人。イメージとしては、父母や祖父母が典型的です。

「受託者」は、委託者から財産の管理を託される人です。具体的には、子や孫、甥や姪、配偶者というイメージです。信託契約は、委託者と受託者の契約で成立することになります。

また**「受益者」は、管理を任せた財産（信託財産）の持ち主**のことで、信託財産から利益を受け取る人です。実務上、「委託者＝受益者」のケースが多く、**今まで財産を持っていた老親が生涯自分の財産として持ち続けながら、子に管理を託しておく**という、いたってシンプルなしくみなのです。

受益者・受託者をサポートするしくみが用意されている

老親（委託者兼受益者）が元気なうちは、受託者たる子にあれこれ要望を言いながら、あるいは財産管理方法を指導しながら、受託者の管理に目を光らせることができます。しかし、将来衰えゆく可能性のある老親が受託者の財産管理をチェックすることができなくなる事態に備え、**客観的な立場で受託者に寄り添い、相談に乗り、ときには厳しく指導する役目として「信託監督人」を置く**こともあります。

また、受益者が適切な判断ができないような健康状態になった際には、**受益者に代わって受託者に要望を伝えたり、受託者の行為に同意したりするといった役目を担う「受益者代理人」を置く**こともあります。

信託監督人や受益者代理人を置くかどうかは任意ですので、各々の家庭の家族構成や保有資産、ニーズに応じて専門家と相談しながら設計をしていくことになります。

家族信託の関係当事者

	信託監督人	受益者代理人
❶ 役割	・受託者の相談相手・受託者の監督（信託金銭の管理状況のチェック） ・重要な判断時の同意（不動産の売却や信託契約の変更等）	・受益者本人に代わって要望を受託者に伝える ・受託者の監督（同左） ・重要な判断時の同意（同左）
❷ 定め方・選任方法	・信託契約書の中で指定 ・裁判所が選任	・信託契約書の中で指定
❸ なれない人（欠格事由）	・未成年者 ・当該信託の受託者	・未成年者 ・当該信託の受託者
❹ 権限	原則として、受益者のために自己の名をもって受益者の権利に関する一切の裁判上または裁判外の行為ができる	原則として、その代理する受益者のために当該受益者の権利に関する一切の裁判上または裁判外の行為ができる
❺ 一般的な担い手のイメージ	・客観的な立場を貫ける者（家族信託の設計に関与した司法書士・弁護士・税理士等の法律専門職など）	・受託者以外の信頼できる子などの家族・親族
❻ 具体的な活躍の場面	・受託者による財産管理状況の定期的チェック（受託者が権限外行為をした場合の当該行為の取消・受託者の解任、受託者への報告請求・帳簿等の閲覧請求、違反行為の差止請求など） ・信託不動産の売却時における同意 ・信託契約の内容変更に関する同意 ・信託契約の終了時における同意	・財産管理状況の受益者に代わる定期的チェック（同左） ・利益相反取引に関する受益者に代わる同意 ・信託契約の内容変更に関し受益者に代わる合意 ・信託契約の終了時における受益者に代わる合意 ・解任事由に該当した場合の受益者に代わる受託者の解任
❼ その他注意点	――――	受益者代理人が就任すると受益者本人が自ら権利行使することが原則なくなるので、いざというときまで受益者代理人は発動しないことも多い
❽ 信託法の根拠条文	信託法第 131 条～ 137 条	信託法第 138 条～ 144 条

どんな財産を託せるか（信託財産とは）？

Point

財産的価値があれば理論上は何でも信託財産にできるが、実務上は不動産、現金、未上場株式がメイン。

ココをおさえる！

- ☑認知症による“資産凍結”を回避するため、自宅や収益物件、余剰金銭を託すケースが多い
- ☑年金や預貯金、生命保険は信託財産として取り扱えない
- ☑中小企業の経営判断が不能となるリスクを回避するため、高齢の大株主の株式を託すのも良策

3大信託財産は、不動産・現金・未上場株式

家族信託において、財産管理を託したい最も多いニーズは、財産の持ち主が認知症等で財産の管理・処分ができなくなる事態（いわゆる「資産凍結」）を回避したいというものです（P44参照）。したがって、**凍結すると困る財産をあらかじめ子に託しておく**必要があります。

本人の意思確認ができなくなると売却できない「不動産」や払戻しを受けられない預貯金を「現金」として託すのが典型的です。

また、もし大株主が認知症等で意思表示できなくなれば、決算承認・予算承認・役員改選・事業譲渡・株式売買などができなくなりますので、家族で経営している中小企業の未上場株式（有限会社の出資持分も株式として扱われる）を信託財産として託すケースも多いです。

家族信託に対応可能な証券会社に預けている上場株式、投資信託、国債などを、信託財産に入れておくことも良策といえます。

年金受給権や預貯金債権は実務上、信託財産にできない

一方で、実務上、信託財産に入れることができない財産もあります。その代表的なものは「年金受給権」です。年金は、本人名義の口座でないと原則受け取れないため、**信託契約で年金受給権を信託財産として託したとしても、実質的に受託者が管理を行うことができません**。

もう一つは、「預貯金」です。預貯金は金融機関から払戻しを受けることができる権利、つまり「債権」になります。この債権は、**金融機関との約束上、「譲渡禁止債権」で、金融機関側の承諾なくしてその権利を他人に渡したり、預金名義を変更することはできません**。

信託契約書に「○○銀行　××支店の普通預金　口座番号　＊＊＊」と特定しても、受託者が預金を下ろせるわけではありません。

実務上は、信託契約後に委託者が自ら金融機関に行って、受託者が管理する口座（P106参照）に振込みなどで移動する必要があります。

家族信託で取り扱える信託財産

家族信託で取り扱いしやすい財産

- 不動産
- 現金
- 未上場株式

所有者本人の判断能力がなくなると、資産凍結、経営判断の凍結が起きて困る代表的財産がこの３つです。

ニーズは多くないが家族信託で取り扱える財産

- **貸付債権**（貸したお金を返してもらえる権利）
- **売掛金債権**（商品・サービスの対価を払ってもらえる権利）
- **知的財産権**（特許権・著作権・商標権など）

取り扱いに注意が必要な財産

- **有価証券**（上場株式・投資信託・国債など）
  ➡証券会社の対応次第
- **農地** ➡ P122 参照
- **動産** ➡契約書の中で特定する難しさ
- **借地権** ➡地主の承諾が必要

実務上、年金受給権や預貯金債権、生命保険金請求権などは、信託できません。

いつまで信託を続けるか（信託期間の設定）？

Point

信託契約をいつから始めていつ終わらせるのかは、設計を行うときの最も重要な検討事項の一つ。

ココをおさえる！

☑ 原則として信託契約を締結したときから受託者による財産管理をスタートさせる

☑ どのタイミングで終わらせるかは、本人および家族の希望によって様々なので、専門家に相談して設計をすべき

契約と同時に信託を開始しつつ従来の生活を続ける

家族信託は、「老親が元気でまだ財産管理を託すには早い」と思うタイミングから始めるのが好ましいといえます（P34参照）。つまり、**信託契約を締結した日から受託者たる子による財産管理をスタートさせ、もし今後、老親の健康状態に異変が起きたとしても財産管理に支障が出ないように〝保険〟をかけておく**というイメージです。

信託を実行しても、老親が元気でいる限りは従来の生活は原則として何も変わりません。2カ月に一度の年金を下ろして自宅で生活されている人は、信託契約後もその生活を続け、まとまった支出をしたい場合や年金受取口座のお金が足らなくなったときには、受託者たる子から余剰資金として託したお金を受け取ったり、代わりに支払ってもらいます。

終わらせ方は本人および家族の希望次第

「家族信託をいつまで続けるか」というのは、非常に重要な検討課題です。この答えは、この**財産管理のしくみで何を実現したいか**をきちんと突き詰めて考えておくことと深く関係します。

最も典型的なのは、「老親を看取るまで家族信託を続ける」という信託設計です。**老親がいなくなった段階で役割を終えて終了とする**のは、非常にわかりやすいでしょう。

一方で、家族内に障害者や浪費家、引きこもりなど、親亡き後も何かしらのサポートが必要な子がいるケースでは、老親が亡くなってもあえて信託を継続するケースもあります。また、兄弟・親族等で共有となっている不動産をめぐるトラブルを回避するために（P48参照）、売却処分等共有状態が解消されるまで存続させることもあります。

地主が先祖代々の土地などを子孫の代まで継続的に管理・承継させたい場合、無期限に続く設計も良策です。所有者個人の死亡ごとに相続登記をするのではなく、受託者による永続的な管理によってその負担とリスクを抑えることが可能となるからです。

家族信託を終了するタイミング

信託設計の典型的な２つの形態

1 死亡終了型（例：父の死亡、父および母の死亡）

受益者の死亡により信託が終了する設計

信託終了時の財産は…

➡「長男Ａに帰属させる。長男Ａが信託終了前に死亡していた場合は、当該死亡者の直系卑属たる法定相続人に帰属させる」

POINT 残余財産の帰属先の条項は、遺言の機能を持つので常に予備的な帰属権利者も想定して記載すべきである。

2 合意終了型（例：受益者および受託者の合意）

受益者と受託者が合意するまで無期限に続く設計

信託終了時の財産は…

➡「信託終了時の受益者に帰属させる」

POINT 受益者が元気なうちに（若い世代に財産が移ったときに）、受託者との合意で好きなときに終了させるので、信託終了時の残余財産はそのまま受益者の帰属になる。一方で、受益者が亡くなっても終了しないので、「第二受益者」「第三受益者」まで想定しておく必要がある。

信託報酬と残余財産の帰属先指定

Point

信託報酬と残余財産の帰属先指定を活用し、支え手となる子らへ公平で納得感のある資産承継を実現する。

ココをおさえる!

- ☑ 公平感のある資産承継を実現するため、親の老後への貢献度で残余財産の帰属割合に差をつけるのも良策
- ☑ 受託者に信託報酬を支払う設計も良策
- ☑ 信託報酬は、受託者の雑所得、受益者の経費となり得るので設計段階からの税務的な検討が好ましい

財産評価が同じになる分配が公平な資産承継とは限らない

信託の機能として「遺言代用機能」、つまり資産承継者（残余財産の帰属先）の指定ができるということをP34で説明しました。

ここで重要なのは、**各相続人が承継する遺産の相続税評価額（その結果としての相続税額）や時価評価額が平等なら円満・公平な資産承継が実現できるという幻想を捨てる**ことです。

例えば、①収益を生まない自宅、②毎月不労所得を生み出すが老朽化して維持費がかさむアパート、③新築だけどローンが残っているアパート、④現預金等の金融遺産、どれもほぼ同じ時価評価額だとした場合、①から④までをそれぞれ引き継いだ4人の子は、みんな笑顔で納得感のある資産承継として受け止められるでしょうか。

時価評価という数字にとらわれずに、子それぞれの事情（保有資産、収入状況、家族構成など）を踏まえて遺言や信託で資産承継先を指定することが重要です。

親への貢献度に応じて差をつける工夫を！

もう一つ、公平感・納得感のある資産承継を実現するための施策として、「信託報酬」という手段があります。

信託報酬は、信託契約期間中に受託者が財産管理を担うことへの対価として、毎月や年1回など、受託者に渡すべきものとして信託契約の中で取り決めます。これにより、親のサポート期間が長ければそれだけ受託者としての報酬額の累積が高額になりますし、親が早く死亡してしまった場合には報酬総額も少額になります。

つまり、**老親に貢献した期間に応じた財産の渡し方ができるという点で公平感・納得感を出すことが可能**です。

なお、信託報酬は、受託者にとっての「雑所得」になるので、一部の例外を除き確定申告する必要が出てきます。また、受益者にとっては、左ページのような税務ポイントもありますので、**家族信託の設計段階から税務の専門家を交えて検討する**ことをお勧めします。

信託報酬の税務

受益者にとっての「信託報酬」の税務

❶信託財産が賃貸不動産と預り保証金・修繕積立金相当の金銭のみの場合

➡この信託自体が賃貸経営の安定性・永続性の実現のためのもので、受託者への信託報酬は、賃貸経営上必要な経費として全額損金処理できる可能性が高い。

❷信託財産に上記❶に加え、自宅不動産や老親の生活・介護資金も合わせて託す場合

➡この信託自体が賃貸経営の安定性・永続性の実現のためだけではないので、信託報酬全額が損金処理できるとは限らない。

税務の専門家に相談すべき

受託者にとっての「信託報酬」の税務

年末調整を受けた給与所得者が年20万円以下の雑所得を得た場合は、確定申告不要。これに当てはまらない場合は…

確定申告が必要

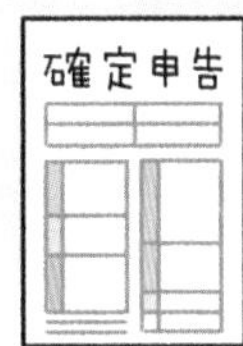

家族信託における信託報酬の考え方

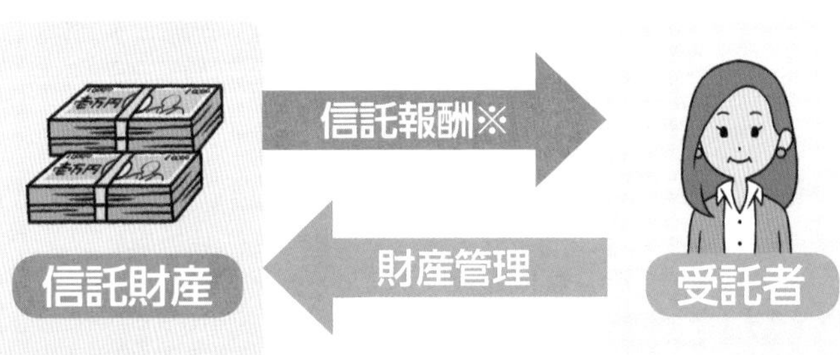

考え方のポイント

- ●財産管理の対価として親の判断能力が喪失しても、受託者が堂々と金銭を受け取れる
- ●関与した期間に応じた渡し方ができるため、公平感や納得感がある

※老親から預かった信託財産から、定期的に受け取ることができる。

家族信託の3大メリット　その1

Point

親が認知症になっても“資産凍結”を避け、柔軟かつ軽負担の財産管理を実現できる。

ココをおさえる!

- ☑親の健康状態に左右されない財産の管理・処分が可能
- ☑支え手となる家族にとって負担の少ない、成年後見制度の代用としての財産管理が実現できる
- ☑資産活用や資産の組み換え（不動産の買い換え・建て替え）が、相続発生のギリギリまで確実に遂行できる

親が財産を自分自身のために使えない事態を避ける

親が認知症になり、物事の理解や意思表示が難しくなると、本人の意思確認ができなくなります。そうなると、銀行の定期預金が下ろせなくなったり、不動産を売却できなくなったりしますので、親の財産が親自身の生活費や介護費用に使えないという困った事態が起こり得ます（これを「資産凍結」という）。

そこで、家族信託の契約によって、**親が元気なうちに子に財産の管理・処分の権限を託しておく**ことで、将来的に認知症発症や大病をしても、まったく影響を受けない万全の財産管理体制を実現することができます。

成年後見制度ではできないことも可能になる

家族信託など事前の対策をしないまま親の判断能力がなくなった場合、成年後見制度を利用して「資産凍結」を解除するしか選択肢はありません。

成年後見制度自体は、非常に重要な社会制度ではあります。ただし、その制度の趣旨上、負担や制約があります（P60〜65参照）。

後見人は、「本人のため」になる行動しかできないという大原則があります。

例えば、子や孫への生前贈与や住宅取得資金の援助は、本人の財産を減らす行為のため、後見人ではできません。合理的な理由（介護費用捻出など）があれば、賃貸アパートや自宅を後見人が売却できますが、その売却代金で投資用マンションや上場株・投資信託などを購入したりすることはできません。

親の相続まで乗り切るための代替手段を講じる

もし本人や家族が、余剰資産を活用して不動産や株式などに投資・運用したり、相続税対策を行ったりしたいという希望を持っていれば、成年後見制度を使わずに親の相続まで乗り切る代替手段を講じる必要があります。

つまり、**親がこの先どのような健康状態・収支状況・居住環境になっても困らないように備えるための手段が家族信託**なのです。

資産凍結リスクに対応できる家族信託

●平均寿命と健康寿命の差

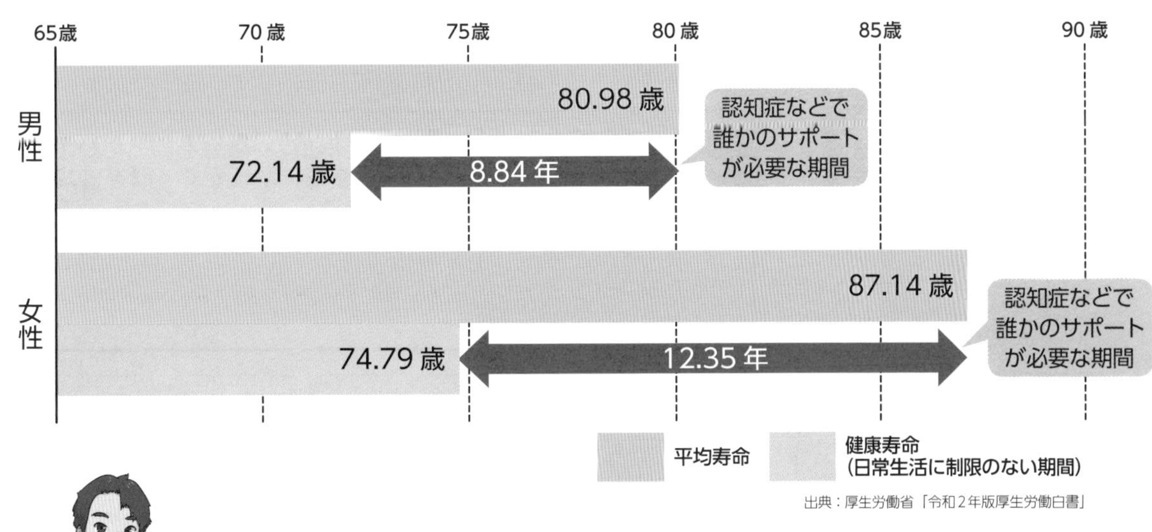

出典：厚生労働省「令和2年版厚生労働白書」

上記のデータが物語るように、現代の日本において「ピンピンコロリ」と亡くなるとは限らず、むしろ人は誰しも亡くなる前の10年前後の期間、医療や介護のお世話になる可能性が非常に高いといえます。

●資産が凍結されるリスク

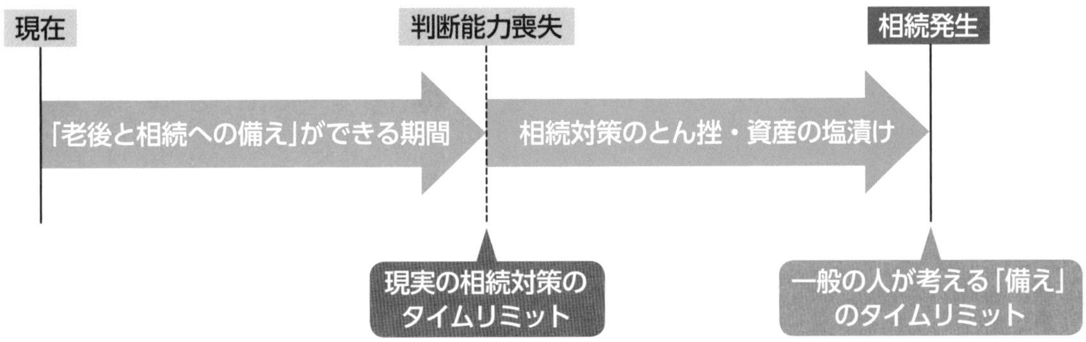

家族信託ならリスクに対応できる

- ●上記の図のように、相続対策は亡くなる直前までできるとは限らない
- ●相続対策ができないばかりか、相続発生前の10年前後の期間で資産が凍結され、生活・介護に自由に資産が使えないリスクを負っている

親がどのような健康状態・収支状況・居住環境になっても困らないようにするための手段が**家族信託**

家族信託の3大メリット　その2

Point

遺言ではできない「何段階の相続にも対応した資産承継先の指定」を、信託のしくみで実現できる。

ココをおさえる！

- ☑ 財産を遺すべき相手が認知症や障害を持っていても安心できるように、財産だけではなく“財産管理のしくみ”ごと遺すができる
- ☑ 一代限りではなく何世代にもわたって資産の承継者を指定できる「信託」独自の機能を活用して“争族対策”もできる

財産や財産管理のしくみを一代に限らず遺せる

高齢の両親の財産管理や生活支援を考える場合、主要な財産を持つ父親の生涯を家族信託でサポートした後、遺される高齢の母親のサポートも考えておかなければなりません。

通常では遺言で高齢の配偶者に財産を遺すところまでしかできませんが、**「信託」のしくみを活用することで、遺産の受取人側の事情（健康状態やニーズ）に合わせて、遺産の管理と給付の部分まで担うことができます**（P66参照）。

つまり、信託契約で託した張本人たる父親（＝委託者兼当初受益者）の生涯を支える一代限りのしくみにとどまらず、その先の高齢の母親（＝第二受益者）の生涯を支える財産管理のしくみとして後世に遺すことができるので、遺す側も遺される家族側も将来に対して大きな安心を得ることができます。

また、この両親に障害を持つ子がいたり、浪費家の子がいたりする場合には、さらにこのしくみを利用し続けることで、その子に対するサポートも実現できるため、**一つの契約で何世代にもわたって続く財産管理が実現可能**になります。

連続性のある〝線〟の資産承継の指定が可能

高齢の父親が死亡した時点でその配偶者（母親）が既に判断能力を喪失している場合、母親が事前に遺言をつくっていなければ、母親の死後、その法定相続人全員による遺産分割協議が必要です。

もし子同士が不仲であれば、父親が判断能力のない母親に遺産を遺した時点で、将来の母の死亡時に遺産争いが勃発する可能性が高まります。

しかし、家族信託によりこの母親に信託財産として遺してあげれば、母の遺言がなくても、信託契約で母死亡後の承継先指定が可能になり、無用な〝争族〟を防ぐこともできるかもしれません。

つまり、遺言（民法）に基づく通常の相続であれば、一代限りの〝点〟の資産承継しかできないところ、**信託のしくみにより何段階の相続にも対応した〝線〟の資産承継の指定ができる**のです。

何段階の相続にも対応した資産承継先の指定

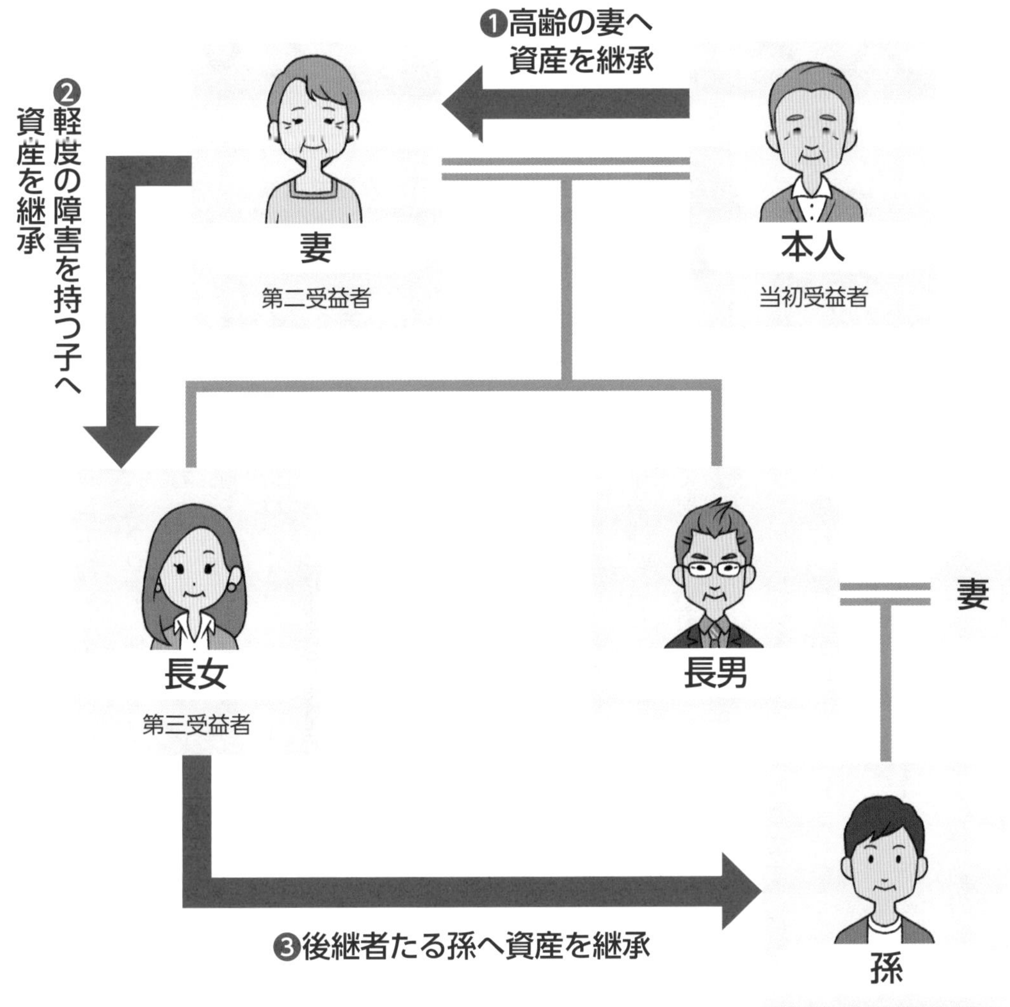

後継ぎ遺贈型受益者連続信託とは（信託法第91条）

「自分が死んだら≪A≫に遺産を承継させるが、次に≪A≫が死んだ場合は、残った遺産を≪B≫に承継させる」という"後継ぎ遺贈"の遺言は、民法上無効となる。

遺言または契約において信託を設定し、所有権ではなく「信託受益権」という債権に転換することで、受益者を何段階にも設定しておくことが可能。つまり、最初の受益者が死亡した場合には第二受益者が、第二受益者が死亡した場合には第三受益者が…と、順次受益権を引き継ぎ、最終的に信託終了時に残った財産があれば、その受取人（残余財産の帰属先）を指定しておくことで、委託者が単独で資産承継の道筋を決定することが可能となる。ただし、法律上30年という制限がある。

家族信託の 3大メリット　その3

Point

信託の機能を活用し、不動産の共同相続や共有不動産の紛争予防のためのしくみがつくれる。

ココをおさえる!

☑ 相続時に、経済的な利益は複数の相続人に分配しつつ、財産管理の権限は一人に集約させることができる

☑ 既に共有状態の不動産を共有者の関係が円満なうちに財産管理権限を集約し、将来共有者に発生する事態に影響を受けない万全な管理を実現できる

不動産を共有で持ち合うリスクを認識すべき

収益不動産を複数の相続人に相続させ、遺(のこ)される配偶者と子で収入の分配を望むケースもあれば、複数の子に平等に分配したいケースもあります（具体的な事例はP168〜171参照）。

しかし、**不動産を共同相続することは、原則としてあまりお勧めできるものではありません**。特に、配偶者や子のいる兄弟同士で不動産を共有することは、将来、その兄弟自身が死亡した後、その家族に不動産持分の権利が分散して、共有関係がより複雑になりかねません。

兄弟姉妹ほどの緊密な関係でない者同士で財産を共有することは、当該不動産を売却したいときなどに方針の一致ができず、財産処分ができなくなります。最悪の場合、資産が塩漬けで動かせなくなるリスクをはらんでいます。

また、共有者の一人が認知症や大病で判断能力が喪失したり、あるいは海外赴任等で連絡が取りづらくなったりすると、売却処分にも大変な手間とコストがかかります。

財産の持ち主と管理者を分ける機能を活用

不動産の共同相続を避ける、あるいは既に兄弟・親戚等で共有になってしまっている不動産について将来に憂(うれ)いを残さない方策として「信託」の機能が大変有効です。

「信託」の機能として、「財産的価値」と「財産の管理処分権限」を分離することができます。言い換えると、**財産の持ち主は、複数の兄弟姉妹など（＝受益者）にしつつ、その管理処分を担うのは管理者一人（＝受託者）に集約することができる**のです。

これにより、将来の相続に備えて今から家族信託を実行し、親の死亡後は、受益者を複数の子にしつつも、受託者は子のうちの一人にしておくことで、賃料収入は平等に分配しながら、管理処分の判断と権限を集約することができます。受託者以外の共有者に不測の事態が起きても管理や処分、利益の分配手続きに支障が出ることがなくなります。

不動産の共有問題による争族の予防

不動産の共有問題のポイント

- 共有不動産は共有者全員が協力しないと処分できない
- 将来、不動産を共同相続してしまうと同様の問題が生じる

不動産の共有は将来、不動産持分の権利が分散して、共有関係が複雑になる恐れがあります。売却したくても方針が一致せず、資産が塩漬けになるリスクがあります。

●信託の「財産の持ち主」の立場と「財産の管理者」の立場を分離できる機能

所有権財産

財産的価値（所有者が持つ）
管理処分権限（所有者が持つ）

2つが表裏一体

信託財産

財産的価値（受益者が持つ）
管理処分権限（受託者が持つ）

分離

※受益者が複数いると、財産としては共有しているのと同じだが、受益者全員の同意がなくても財産は受託者が単独で処分できる。もちろん、利益は受益者に分配する。

共有者としての権利・財産価値は維持しつつ、管理処分権限を受託者に集約させることで、不動産の"塩漬け"を防ぐことができる！

受託者（管理者）

受益者（財産の持ち主）

家族信託のデメリット

Point

家族信託の導入についての大きなリスクやデメリットはほぼない。ただし、留意点がある。

ココをおさえる!

- ☑ 家族信託に精通した専門職は全体の１％程度に過ぎないので要注意！
- ☑ 導入コストは、長期的な視野で比較検討すべき
- ☑ 所得税の税務申告上、“損益通算禁止”という制約があることを踏まえて信託の設計をすることが必要

家族信託に精通しているのは法律系士業でもほんの一握り

実際に**家族信託の詳細な設計や信託契約書の作成実務にかかわるのは、原則として弁護士・司法書士・行政書士等の法律専門職たる士業が中心**となります。法律系士業でなければいけないわけではありませんが、体系的に信託法や民法を学んでいない人（銀行員や税理士、不動産業者）が細かな部分まで責任を担えるかというと正直難しいと言わざるを得ません。

法律系士業であっても、家族信託を正確に理解している人は半分もおらず、まして実務に精通し、設計のコンサルティングができる司法書士は、多く見積もっても全体の数%です。家族信託の業務に最も縁の深い司法書士ですらこのような状況ですから、予防法務という分野にまだ取り組む人が多くない弁護士業界では1%を満たすことはないでしょう。行政書士・税理士もほぼ同様ですから、インターネットや書籍、セミナー等で家族信託に詳しいことを謳い文句にして集客している大手士業法人などは、要注意です。運営母体の大小に惑わされず、**対応してくれる担当者が実務経験・組成実績・コミュニケーションスキルを十分に持ち得ているかを慎重に見極める**べきです。

初期コストと税務メリットを受けられないリスク

初期コストがかさむことは、リスクやデメリットの一つになり得ます。ただ、ランニングコストはほぼ発生しないこともあり、**片親または両親を生涯支える（10年超の間存続する）しくみ、あるいは世代を超えて何十年と続く可能性のある財産の管理・承継のしくみをこの初期費用でまかなう**ことは、「費用対効果の点でも、〝保険〟の意味でも、決して高額ではない」というのが、利用者の実感です。家族信託に精通した専門職に委ねるためのコストは、必要経費と割り切る人も多いのです。

もう一つの留意点たる税務上の〝損益通算禁止〟については、信託を組むタイミングや信託財産に何を入れるか等をコントロールできれば、リスクといえるほどのものではないでしょう。

家族信託のリスクやデメリット

デメリット① 家族信託に精通した専門家が少ない

怪しいコンサルタントに相談してしまうリスク

●**コンサルティング報酬が安い**

家族会議の中でヒアリングや検討を重ねることなく、書籍等に記載された契約書例に適当に当てはめるだけで安易に作成してしまう。つまり、将来発生するリスクに対応できない。

●**コンサルティング報酬が高額**

士業法人のブランドを盾に、法外ともとれる報酬を請求する割には、大したノウハウを提供してくれない（費用倒れの恐れ）。

身近な専門職に反対されるリスク

自分が知らないことを「知らない」と正直に言えない専門職（顧問弁護士や顧問税理士）は多い。結果として、やるべきではない理由（「まだ新しいしくみで税務上・判例上の取り扱いが確定していないから」などのもっともらしい屁理屈）を並び立てて反対し、本当に必要な施策を実行できないまま親の判断能力が低下してしまい、時間切れになる恐れがある。

デメリット② 初期コストがかかる

家族信託の費用

●**第1段階 ①専門職のコンサルティング報酬　②公証役場の手数料**

●**第2段階 ③司法書士の登記手続き報酬　④登録免許税・登記事項証明書等の実費**

上記①～④を合算すると、信託財産に入れる財産評価額（不動産の場合は固定資産税評価額）の1.2～2％くらいが初期コストの総額。　※第2段階は、信託財産に不動産が入る場合のみ発生する。

※成年後見制度を利用した場合のランニングコスト

家族が後見人（任意後見人・法定後見人）になる場合

後見監督人（任意後見監督人）が就くと月額1～2万円（年間12～24万円）程度の後見監督人報酬が発生する。

専門職が後見人になる場合

月額2～6万円（年間24～72万円）程度の後見人報酬が発生する。

※将来の相続時に遺産争いが発生した場合の費用

弁護士費用：着手金として最低数十万円、成功報酬は獲得財産に応じて計算されるので、数百万円という場合も。

争いの期間：遺産分割調停や裁判の場合、5～10年かかることも。家族間の絆、関係性が崩壊する恐れがある。

デメリット③ 税務メリットが受けられない

“損益通算禁止”による税務メリットを受けられないリスク

●**信託不動産からの収支が1年を通じて赤字になった場合、その赤字はなかったものとみなされる**

・ほかの年間収支がプラスの収入と通算して利益を圧縮することが不可！

・損失を翌年以降に繰り越すことが不可！（P140参照）

コラム 1

民法改正と遺留分

「遺留分」とは、相続に際し、法定相続人の生活保障のために民法が最低限保証した遺産をもらえる権利のことをいいます。この遺留分については、2019年7月1日施行された民法改正により、大きな変更がなされました。

まず、その大きな変更の一つは、従来は、「遺留分減殺請求」という名称から**「遺留分侵害額請求」という呼び方に変わり、新制度においては、遺留分権利者に対する支払いは「金銭」に限定**されることになりました。

従来、遺留分請求をされた場合、原則その遺留分に相当する遺産（不動産など）を現物で遺留分権利者に引き渡す必要がありましたが、新制度では、現物を渡す義務はなくなり、あくまで金銭的な賠償に限定されることになりました。

これにより、遺留分に抵触する内容の遺言や信託契約を作成した際に、現物の不動産持分を遺留分権利者に取得されないようにする対策は不要となりました。しかし、遺留分相当額をどうやって用意するかという備えが必要なことは変わりません。生前贈与や生命保険の活用を上手に活用することは、従来から引き続き大変有効な手段となります。また、遺留分権利者に渡してもいい財産（例えば、必ず承継してほしい自宅や収益物件以外の不動産。例えば別荘や地方の原野など）を遺言の中であえて遺留分権利者に相続させる旨の内容を盛り込む対策も引き続き有効といえます。

なお、**法定相続人に対する贈与は相続発生前10年前までしか遺留分の対象財産とならない**という扱いになりました（改正前は制限なしだった）ので、親が早い段階から争族対策として生前贈与や生命保険を活用した遺留分対策を講じることはより効果的です。

遺留分請求が金銭の支払いに限定されたとはいえ、当事者の合意であえて不動産など金銭以外の財産を代償財産として引き渡すことも可能です。

ただしこの場合、税務上は、金銭の支払いに代えて不動産等を**遺留分権利者**に「代物弁済」した取扱いになり、**不動産を渡した方に別途「譲渡所得税」が課税されます**ので、注意が必要です。

第2章

他の制度と家族信託の比較・使い分け

親父
宮田先生のところへ
行ってくれたん
だって？
ああ
母さんと2人で
行ってきたよ

先生の話を聞いて
「3つの機能を一つの
契約でできる」
というのは
とても便利な
いい制度だと
思ったが……

本当にそれでいいのか
まだ迷っている
やっぱり俺は
次郎のことが心配だ
俺に何かあったときに
母さんや次郎が
困らないように
しておきたいんだ
親父が倒れたら
お袋や次郎の
面倒を見るのは
俺たちなんだぜ

俺だって
ちゃんと考えているさ
遺言書を書けば
いいんだろ？
お前たちに
迷惑はかけないよ

お義父さん
何て言ってたの？
うーん
一応相続のことは
考えているみたいだけど
遺言書を遺しておけば
大丈夫だと
思っているみたいだ

家族信託に興味は
あるようだけど
俺も詳しくないから
親父にうまく説明
できないよ
あー
お袋もあんな感じだし
沙耶香もめったに
顔を見せないし……

そうよねぇ
私もうちのお父さんの
ときは大変だったもの

兄弟がもめないで
済むって聞いたけど
本当にそんなに
うまくいくのかな
そのあたりのことも
聞かないと
うーん
うーん
そうね
私もきちんと
聞いておきたいし
今度は4人で
行きましょう

家族信託について
もう少し詳しく
お聞きしたくて……

父は遺言書を
遺してさえおけば
大丈夫だと言って
いるんですが
それでいいのでしょうか?
母さんと次郎が
困らないように
きちんと書き残して
おくつもりだ

俺が死んだら
自宅とアパートは
母さんのものにして
母さんと次郎には
アパートの家賃で
暮らしてほしいと
考えている
その後は母さんが死んだら
自宅を売って次郎が
施設に入る費用に
したらいい
アパートと貯金は
兄弟で
分ければいいと
思っている
遺言書に
そう書いておけば
いいんだろう?

たしかに遺言書があれば相続人が遺産をスムーズに相続できます
ですが遺言書で指定できるのは直接遺産を渡す相手だけなんです

えっ?

つまり、道男さんの遺言ではあけみさんに相続させるところまでしか有効に指定できないんです
その後のことは遺産を受け取ったあけみさんが遺言を書く必要があります
母さんが書かなかったら?
まぁ!!

そのときはお袋の遺産を親父の希望通りに分ければ問題なさそうだけど…

遺言書がない場合次郎さんを交えた分割協議をしなければ遺産は有効に分けることができません
えっ!? それじゃ弟がしっかりしてないと遺産もきちんと分けられない……?

その点
家族信託なら
「父→母→次郎さん」
の順に財産だけでなく
管理のしくみごと
遺すことができます
兄弟が遺産相続で
もめることも
防げるし……
俺やあけみ亡き
後の次郎の生活を
支える遺し方が
できるってことか
認知症や障害が
ある人のために
成年後見制度というのが
あると聞いたことが
あるんだが…
母さんや次郎にとっては
家族信託のほうが
いいのだろうか？
そうですね
普段の財産管理の部分では
さほど違いはないです
ですが
将来アパートを
建て替えるような計画は
後見制度では難しい
かもしれませんが
家族信託であれば
可能です

それから
運営コストにも
違いが出ます
後見制度は
本人が死亡
するまで
毎月定額の報酬を
支払わなければ
なりません
家族信託は
導入のときにコストが
かかりますが
その後の運営コストは
ほぼ生じません
家族信託は
自由度もあり
経済的にも
有利ということか
ふぅむ

ご家族の事務的
負担も少ないですが
家族信託の何よりの
メリットは
道男さんや
ご家族の「想い」を
柔軟に実現できる
ことです

よし！
みんなで
家族信託に
取り組もう！
私がしっかり
サポートして
いきますよ！

家族信託と他施策との比較・検討

Point

家族信託が常にベストな選択肢とは限らないので、専門家を交えて他の施策もきちんと比較検討すべき。

ココをおさえる！

- ☑ 生前贈与や生命保険を上手に活用することで相続税や争族の対策ができるので、早めの対策開始が効果的
- ☑ 成年後見制度でできること・できないこと、家族信託でないとできないことなどをきちんと把握すべき

家族信託以外に生前贈与や生命保険が効果的な場合も

親の老後を支えるしくみ、円満円滑な資産承継を実現するためのしくみは、「家族信託」だけではありません。**取り得る施策（選択肢）を挙げ、そのメリットとデメリットを比較・検討したうえで、ベター・ベストな選択肢を一つあるいは複数採用して実行する**のが正しい対策です。ただし、この工程は各分野の法務や税務に精通した専門家を交えないことには、取り得る施策を挙げることも難しいでしょう（インターネット上には間違った情報が多いため注意が必要）。そのため、家族会議に各分野に精通した専門家を同席させることが不可欠です。

例えば、認知症による資産凍結対策に加え、相続税対策を含めた円滑な資産承継を見据えた施策を取りたい場合、あえて親の財産を今のうちから子や孫に生前贈与するという選択肢があります（P68参照）。ただ、生前贈与の場合でも、「どの制度を使うか」「誰に、いつ贈与するか」によって、税務上の問題だけではなく、**将来の相続発生時の遺産分割協議・遺留分（いりゅうぶん）侵害額請求に大きな影響を及ぼす可能性**があります（P52参照）。

また、親がまだ生命保険に加入できる年齢・健康状態であれば、保険をうまく活用することによって、節税や納税資金確保、遺産分割における代償金の原資確保、遺留分対策などに大きな効果を出すことができます。ただし、保険は、保険会社によってその商品の特性やメリット・デメリットも様々です。そのため、やはり保険の専門家に加わってもらうことが必要だといえます。

家族信託と成年後見の違いをきちんと理解することが大切

家族信託と成年後見制度は、最もよく比較される施策です。ただし、弁護士や司法書士、行政書士などの法律専門職でも、この違いをきちんと理解して、理路整然と説明できる人はごく少数です。家族信託と成年後見制度の主なポイントと違いを左ページにまとめていますので、家族内の話し合いや専門家への相談の際の参考にしてください。

成年後見制度と家族信託の比較

	法定後見人	任意後見人	信託受託者（家族信託）
❶利用方法	判断能力低下時に家庭裁判所への申立て	①元気なときに公証役場で任意後見契約を締結 ②判断能力低下時に家庭裁判所への申立て	信託契約の締結（原則公証役場で作成すべき）
❷存続期間	後見（保佐・補助）開始の審判から本人の死亡まで	任意後見監督人選任の審判から本人または任意後見人の死亡まで	始期も終期も自由に設定可（無期限に存続させることも可能）
❸権限・内容	①財産管理、②法律行為の代理（本人がした行為の追認・取消し）、③身上監護（入院・入所契約、介護サービスの申込等）	同左（ただし、任意後見契約において代理権が与えられた行為に限る。また、任意後見人に取消権はない）	財産管理のみ（財産管理については自由に権限付与できるので、将来のあらゆる事態を想定して様々な権限を付与しておくのが一般的）
❹財産の積極的運用・処分の可否	原則として、財産を維持しながら本人のためにのみ支出することが求められる（扶養義務に基づく親族への支出は可）。積極的な投資・運用や合理的理由のない（本人にとってメリットのない）換価処分、本人財産の減少となる生前贈与等は不可	同左	受託者の権限内であれば、その責任と判断において、信託目的に沿った自由な運用・処分が可能（ただし、受託者が受益者に代わって生前贈与することは不可）
❺自宅等の処分（賃貸や売却）の可否	処分することの合理的理由（介護費用捻出のため等）があれば可能。自宅の処分には、家庭裁判所の許可が必要	自宅の処分でも家庭裁判所・任意後見監督人の同意は不要だが、処分することの合理的理由のない処分行為は、事後的に問題になり得る	受託者の権限内であれば、その責任と判断において自由に処分可能
❻本人が契約した通販・訪問販売への対応	本人がした契約は後見人が取消し可能（取消権の行使）	任意後見人に取消権はない	受託者に取消権はないが、主要な財産を受託者が管理しておけば、最小限の被害に抑える効果はある
❼本人死亡後の相続手続き	本人の死亡により後見業務が終了。相続手続きは後見人の業務権限外	同左	口座凍結せずに速やかに受託者による財産の分配が可能。本人死亡後も受託者が継続的管理も可
❽監督機関	家庭裁判所または後見監督人による監督を受ける（定期的な報告義務あり）	任意後見監督人により監督を受ける（定期的な報告義務あり）	必須の監督機関はないが、信託監督人等の監督機関を任意に設定することが可能
❾財産管理者への報酬	報酬額は、家庭裁判所の「報酬付与審判」により決定（自由に設定不可）。なお、親族後見人でも報酬はもらえる	報酬は任意後見契約の中で自由に設定できる	受託者への報酬は信託契約の中で自由に設定できる
❿存続期間中のランニングコスト	職業後見人の場合、本人の保有資産や業務内容等に応じて、家庭裁判所の審判により月額2～6万円程度の報酬が発生。親族後見人に後見監督人が就く場合、月額1～2万円程度の監督人報酬が発生	上記❾の通りの契約書所定の任意後見人への報酬に加え、月額1～2万円程度の任意後見監督人報酬が発生	信託契約に規定した報酬以外は特段発生しない

親本人の判断能力が低下・喪失した際にできること

	成年後見制度	家族信託の受託者	家族（子など）
❶入院・入所手続き、介護認定の申請	◎	○（家族の立場で可）	○（家族の立場で可）
❷預貯金の払戻し	◎	○（信託財産としてあらかじめ預かることで対応可）	○（好ましくないが、普通預金ならキャッシュカードで対応可）
❸自宅の売却、建て替え、建設、購入	○（合理的な理由が必要）	◎	×
❹アパート等の賃貸契約手続き、家賃の収納	◎	◎	△（法的に問題があるが、代筆で対応できる場合も）
❺国債・株式・投資信託等有価証券類への運用（売買）	×	○（金融機関次第で対応可）	△（代理人届出ができれば対応可能の場合も）
❻貸金庫の開扉	◎	×	△（代理人届出ができれば可）
❼死亡保険金・満期保険金・解約返戻金等の受領	◎	×	△（指定代理人制度があれば可）
❽生前贈与（金銭・不動産・自社株式）	×	△（みなし贈与で可能な場合も）	×
❾扶養家族への生活費・教育資金の給付	◎	◎	△（法的に問題があるが、事実上代行し得る）

法定後見
（利用せずに乗り切れるかが焦点）

Point

法定後見は、親が元気なうちに備えをしていなかった場合の善後策として、本人の権利と財産を守る制度。

ココをおさえる！

☑後見人が誰になるかは最終的に家庭裁判所が決定するので、本人や家族が望む後見人がつくとは限らない

☑後見人は、本人名義の預金の払戻しや不動産の売却はできるが、主たる目的を果たした後も本人が亡くなるまで後見人の職務は続く

家庭裁判所が後見人を選任するから「法定後見」

親の財産管理や法律手続きのために必要に迫られた場合、**親の理解力（判断能力）が低下・喪失した旨の医師の診断書をもって家庭裁判所に申立て**をすることで、本人に代わって財産管理や法律行為を行う者（これを「後見人」という）をつけることができます。

親の判断能力の低下具合によって「補助」「保佐」「後見」の3類型に分かれ、それぞれ与えられた権限の範囲が異なります（詳細は左ページ）。いずれにしても、申立ての際には候補者（例えば長男）を挙げることができますが、長男が後見人になることに家族（推定相続人）全員が了承しているかどうかを家庭裁判所は確認します。もし家族のうち一人でも反対する者がいれば、「この家族は紛争性あり」ということで、たとえ親本人が望んでいたとしても長男は後見人になれませんし、他の家族もなれません。結果として、客観的な立場から業務を遂行すべく司法書士等の職業後見人が就任します。

後見人は「本人」のためになることしかできない

後見人は、被後見人（親本人）に必要な（メリットのある）財産の管理や処分しかできません。例えば、**借入れをしてアパートを建て替えたり、投資用不動産を購入・買い換えたり、子や孫に金銭を贈与することはできません。**これらの行為は、遺される家族にはメリットがありますが、本人には直接的なメリットがなく、本人の老後資金を減らす行為にほかなりません。もし家族や一族のための相続税対策・争族対策を踏まえた積極的な資産運用・資産の組み換え等をしたい場合は、後見制度に代わる事前の備えが必要です（例えば、財産管理は家族信託で、身上監護は家族の立場で対応する）。

また、判断能力が低下して、親自身ができなくなった定期預金の解約や不動産の売却を後見人が実行できたとしても、それで後見人の業務が終了するわけではありません。後見制度は原則として本人が亡くなるまでずっと続けなければなりません。

法定後見の分類と成年後見制度のリスク

●法定後見制度の３類型

	後　見	保　佐	補　助
本人の状況	事理弁識能力を欠く常況	事理弁識能力が著しく不十分	事理弁識能力が不十分
本人	成年被後見人	被保佐人	被補助人
後見人	成年後見人	保佐人	補助人
監督人	成年後見監督人	保佐監督人	補助監督人
申立人	本人、配偶者、四親等内の親族、市町村長など		
取消権の範囲	日常生活に関する行為以外すべて	民法13条1項に定める行為	本人の同意を得て民法13条1項に定める行為のうち、家庭裁判所が認めた特定の行為
代理権の範囲	すべての取引行為（包括的代理権・財産管理権）	本人の同意を得て家庭裁判所が認めた特定の行為	
後見人の義務	本人の意思尊重義務・本人の身上配慮義務		

成年後見制度（法定後見・任意後見）の３大リスク

1 事務的負担

親族が法定後見人になった場合、本人の資産が一定額以上であれば後見監督人（弁護士や司法書士など）がつき、監督人に３～６カ月に一度財産管理状況を報告しなければならない。

2 経済的負担

上記1の監督人がつく場合（任意後見は必ず監督人が就任）は、月額１～２万円の監督人報酬が発生する。法定後見人に親族ではなく、職業後見人がつく場合は、月額２～６万円（本人の保有資産と１年間の業務内容に応じて家庭裁判所が金額を決定）の後見人報酬が発生する。

3 できることが制限される

借入れによるアパート建設、不動産の購入・買い換え、生前贈与、株式投資、生命保険への加入等の相続対策・積極的な資産運用は原則できない。高額な大規模修繕や不動産の売却が制限されることも。

任意後見（家族信託で対応不可な面を補う）

Point

任意後見も成年後見制度の１つなので、本人のための堅実な財産管理しかできない点は法定後見と同じ。

ココをおさえる！

☑適切なタイミングで親が望んだ相手（子など）に確実に後見人に就任してもらえる点で法定後見よりお勧め

☑将来の判断能力低下時に備えて元気なうちに任せておく点で家族信託と似ているが、後見人ができる範囲やランニングコストの面で家族信託と異なる

親が後見人を好きに選んで契約しておくから「任意後見」

任意後見は、親が元気なうちに、判断能力が衰えた際に財産管理や法律行為、身上監護を任せたい者（家族や懇意にしている法律専門職）と契約を交わす制度です。

親の判断能力が低下・喪失した場合、法定後見（P62参照）と違って、**親が望んだ相手が契約に基づき確実に就任できる**点が任意後見のメリットです。したがって、**家族内（子世代間）が円満な関係ではない**場合や**頼れる家族がいない**場合には、任意後見契約を締結しておくことはお勧めです。

なお、家族が任意後見人の受任者の場合、親の判断能力が低下してもすぐに発動させる必要はなく、後見制度を利用せざるを得ない事態になったら発動できるように〝保険〟をかけておくイメージです（一方、専門職が受任者の場合は、原則として本人の判断能力の低下を認識した段階で発動することが義務付けられている）。

後見制度の3大リスクをどうみるか

任意後見は、将来の判断能力低下時に備え元気なうちに任せておく点で、家族信託と似ていますが、３つの点（P63の「３大リスク」の観点）で異なります。

１点目は、任意後見監督人が必ずつきますので、３～６カ月に一度、管理している**通帳等の開示や財産管理状況の報告**をしなければならないため、法定後見よりも親族後見人の事務的負担が増えるかもしれません。

２点目は、ランニングコストです。家族信託は、第三者が介在しない設計が可能なので信託契約期間中のコストを想定しなくて済みますが、任意後見の場合は、**本人が亡くなるまで任意後見監督人報酬が発生**します。

３点目は、**任意後見も成年後見制度の一つ**なので、法定後見同様、親本人のために必要な財産の管理や処分しかできません。相続税対策・争族対策を踏まえた積極的な資産運用をしたい場合は、家族信託にすべきです。

家族信託の普及前と普及後の違い

家族信託の普及前

「財産管理（任意代理）契約」「任意後見契約」「遺言」の３点セットが老後と相続の備えに大切といわれていた。

※支える家族・親族がいない場合は、専門職が老後と相続後をサポートする必要がある。その場合の上記３点セットに加え、「見守り契約」「死後事務委任契約」を合わせた５点セットがお勧めだった。

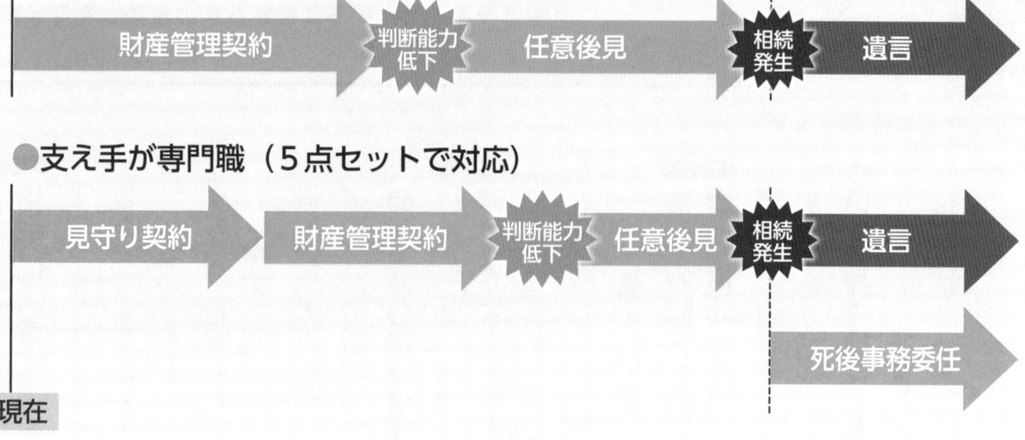

家族信託の普及後

生前の財産管理を「家族信託」で担い（任意後見は予備的に）、相続発生後は、そのまま「家族信託」をメインとしながらも、信託財産以外のその他一切の遺産を網羅する「遺言」で対応する。

遺言（家族信託と併用して全財産を網羅）

Point

大切な家族等に円満円滑に財産を遺すため、財産の多少にかかわらず遺言は作成すべき。

ココをおさえる！

- ☑親自身が希望する遺産分配の指定をすることにより相続人間で遺産分割協議をしなくて済むので、遺言は争族対策として大変有効
- ☑遺言でできること・遺言の限界を理解し、家族信託や任意後見を併用することで万全の老後と資産承継を目指すことが良策

遺産分割を要せず、自分が望む相手に円滑に遺産を渡せる

大切な家族等に財産を円満円滑に渡す方策として、遺言は欠かせないものです。遺言でないと指定ができない事項もありますので、遺言の作成を検討することはとても重要です。

遺言の最大のメリットは、親自身が望む遺産分配の指定をすることにより**相続人間で遺産分割協議をしなくて済む**点です。そのため、無用な遺産争いを避け、円満円滑な資産承継が実現できます。法定相続人全員が円満であれば、遺言と異なる遺産の分割も可能なので、いわば遺産争いに備えた〝保険〟になります。

遺言の限界も理解して家族信託と併用も

遺言は、遺言者たる親本人が亡くなって初めて効力が生じるので、**親の老後については何ら役に立ちません**。老親の生活サポート・財産管理については、家族信託や任意後見などの備えが別途必要です。

次に、遺言は遺産の受取人側の事情は考慮されず、遺産を渡して終わります。つまり、遺産を受け取った相続人・受遺者は、所有者として自分で財産管理をする必要があり、遺産を受け取った相続人等が認知症であったり、障害を持つ子であったりする場合は、財産管理のしくみを別途検討・導入しなければなりません。

それに対し、家族信託は、遺産を遺す(のこ)だけではなく、遺産の管理と給付を担うしくみとして遺すという点が異なります（P46参照）。

そして、**遺言は一代限りの資産承継先の指定しかできません**。家族信託では、何段階の相続（数次相続）にも対応した資産承継先の指定が可能です。

なお、実務上、親のすべての保有資産を信託契約で預かることはできないので、信託財産から漏れた財産については、**遺言を併用し、信託財産以外のすべての財産を網羅**して承継先の指定ができるようにすることが重要です。

遺言を作成するときの注意点

遺言に書いておくべきこと

●全財産を網羅した内容

「……を含むその他一切の財産を○○に相続させる」というように、すべての財産を網羅する内容にしておくことが大切です。

●予備的（補充）遺言条項

財産を受け取る人が遺言者より先に亡くなっていた場合は、その遺言部分が無効になってしまいます（該当箇所以外は無効になりません）。ですから、「○○が遺言者の死亡以前に亡くなっていた場合は……」という予備の受取人を盛り込んでおくことは重要です。

●遺言執行者の指定

遺言内容を実現するために、金融機関を回って解約払戻の手続きをしたり、遺産のとりまとめ・分配を担う人を指定しておきます。そうすることで、相続人全員の実印押印等が不要になり、手続きがスムーズになります。遺言執行者は、弁護士・司法書士・信託銀行等でなくても、担える家族がいれば、その家族（例えば長男など）を指定できます。

●祭祀承継者の指定

葬儀の喪主や墓守を担う「祭祀の承継者」を指定する方法は、特に制限はありません。そのため、親が生前に指定することもできますが、後日の紛争を防ぐためには遺言で「遺言者及び祖先の祭祀を主宰する者として長男の○○○○を指定する」と書いておくのもお勧めです。

●付言（ふげん）

なぜこの遺言内容にしたかという遺言者の想いや遺される家族等への感謝の気持ちをつづることはお勧めです。遺族の心に響くメッセージは、家族の争いを防ぐ効果も見込めます。

全財産

信託財産
（自宅・アパート・金銭）

遺言で網羅すべき財産
（例：本人名義の預金、動産など）

生前贈与（あえて子にあげてしまうこともときには良策になる）

Point

子の財産として渡してしまう贈与は、贈与税課税・撤回不可などいくつかのリスクをともなうので慎重に。

ココをおさえる!

- ☑ 管理処分権限を子に渡す意味では、家族信託と贈与は似ているが、贈与は、子の所有物となる以上、その使い道に制約をかけることができない
- ☑ 不動産の贈与は、贈与税だけではなく不動産取得税も課税されることに注意

子に贈与した財産は、子が自由に使用・処分できてしまう

親の保有財産の管理と処分の権限を子に託すのが「家族信託」。つまり、原則として、その**財産は生涯親本人のもので**す。

例えば、不動産を信託財産として託した場合、当該不動産の登記簿上に受託者の名前が記載されますが、あくまで「管理者（＝受託者）の名前が登記簿に記載される」という理解で十分です（P102参照）。

一方の「贈与」は、贈与契約を締結した時点で確定的に子の財産になります。したがって、老親の体調に左右されない財産の管理・処分が可能になる半面、**子が自分の生活費・遊興費に使うことを制限できません**。

また、生活状況などが変わっても贈与を取り消すことは原則できません。その点、家族信託は、財産管理を受託者に託しているだけなので、諸事情の変化により財産の処分方針や資産の承継先を変更することが可能です。

贈与は常に課税の問題に注意すべき

贈与と似た概念に「扶養義務に基づく給付」（以下、「扶養」という）がありま す。扶養は、扶養義務を負う者が被扶養者の生活・教育などに必要な「実費」をあげたり、代わりに支払ったりすることです。親子間、祖父母孫間、兄弟姉妹間などは法律上の扶養義務が相互にありますので、必要な費用を給付する限り、税務上の課税の余地は生じません。つまり、**「贈与」は使途・目的を限定せず**に渡すこと、**「扶養」は必要な実費を援助する**こと、という違いがあります。

贈与は、贈与税の課税対象になりますので、将来の相続税対策などを踏まえた計画的な実行が必要です。特に不動産の場合は、贈与税評価（時価よりも2割程度安いとされる路線価による評価）なので金銭の贈与よりも節税効果がありますが、不動産を贈与すると不動産取得税も課税されるうえ、贈与による所有権移転登記の登録免許税や司法書士報酬も必要なコストとして予算組みが必要です。

贈与と課税の注意点

各種贈与に関する特例・軽減措置

●暦年贈与

もらう側　人につき年間110万円まで非課税。それを超えると贈与額に応じて10～55%の贈与税が課税される。

●相続時精算課税制度

贈与をした年の1月1日において、60歳以上の父母または祖父母から20歳以上の子や孫に対し、複数年にわたり金2,500万円までは無税で贈与できるしくみ（金2,500万円を超えた場合は一律20%をいったん納税)。ただし、最終的に相続発生時に相続財産と贈与財産（贈与時の価額）を合算して相続税を計算する。

「相続時精算課税制度」は、収益物件の贈与としては良策ですが、自宅は「小規模宅地の評価減」が使えなくなるデメリットがあるので注意が必要です。

●その他の生前贈与に関するしくみ

- 居住用不動産の配偶者控除
- 住宅資金贈与
- 教育資金贈与信託
- 特定贈与信託

不動産取得税のしくみ

●相続を除き、売買・贈与・新築等で不動産を取得したときに各都道府県から納税通知書が届くしくみ。税額は、土地・建物の固定資産税評価額に対し、下記の税率が適用される。ただし、申告をすれば税率以外にもいくつかの税額の軽減措置があるので確認すること。

・原　　則：4%
・軽減措置：宅地については「評価額×1/2×3%」
　　　　　：住宅については「評価額×3%」

委任契約
（最も簡易だが限界も多い）

Point

委任契約（委任状）は実務上の限界も多いので、財産管理を任せる意図なら家族信託も検討すべき。

ココをおさえる!

- ☑ 不動産売却の場面、金融機関の窓口で預貯金の払戻しを受ける場面などでは、委任状があっても本人の意思確認作業を回避することはできない
- ☑ 委任者が判断能力を失っても委任契約は有効だが、本人の意思確認ができなければ委任状では対応できないことも多い

「委任状」に加え、委任者の意思確認が必要な場面も

老親が子に財産管理を口頭で任せているケースは多いですが、子が親の代理で手続きしようとすると、その相手方（借主・貸主・売主・買主・金融機関・市役所の戸籍住民課など）は、「委任状」という書面で、委任者たる親が受任者たる子にどんな権限を与えたかを確認します。

しかし、左ページのように、**委任状だけでは実務対応ができない場面があります**。「財産管理等委任契約公正証書」など委任契約を公正証書化したとしても、委任者たる親が認知症などで判断能力がなくなり、本人の意思確認ができない場合には、**法律上委任契約は有効に成立・継続していても、目的をかなえることができなくなります**。

このような委任の限界による**資産凍結リスクを回避するために、「家族信託」による備えが有効**です。例えば、将来の不動産の売却可能性を踏まえ、信託契約で当該不動産の管理処分権限を受託者たる子に託しておくことで不動産売買の現場で手続きが頓挫することを回避できます。

また、預貯金はあらかじめ受託者たる子が管理する預貯金口座に移動して適切に管理しておけば、親の判断能力の低下などによって預金を下ろせなくなるリスクをなくせます。

なお、これまでは、不動産所有者に対する本人確認は、売却の場面でしか行われていませんでした。しかし、宅建業界のコンプライアンス（法令順守）が強化され、高齢の不動産オーナーについては、賃貸経営の場面（賃貸借契約や管理委託契約の締結時）でも仲介業者による本人の意思確認を徹底する動きもあるようです。

「代理人届出制度」がある金融機関では信託の代用も

一部の金融機関では、預金口座の払戻し手続きや貸金庫の開扉手続きに、名義人本人（親）があらかじめ届け出ておく**「代理人届出制度」**があります。これを利用することで、**家族信託による機能を実質的に代用**できる可能性もあります。

委任状・キャッシュカードの限界

財産の管理処分に関し、委任状では対応できず、本人への意思確認が行われる代表的な場面

➡本人の意思確認ができなければ、これらの手続きが頓挫するリスクがある。

1 不動産売買

売買による所有権移転登記手続きを担う司法書士は、売主・買主本人（委任者）の意思を不動産の引渡し日（売買代金最終決済時）の当日までに面前等で確認することが原則。

2 金融機関の窓口手続き

委任状を持参した子が預金の払戻しを受けようとしても、金融機関側は預金名義人本人（親）の意思を面前等で確認できないと対応してくれない。

3 貸金庫の開扉

委任状を持参した子が貸金庫を開けようとしても、貸金庫の名義人（親）の意思を面前等で確認できないと開けることができない。

キャッシュカードで親に代わって子が預金を下ろすことの可否

法律上も税務上も実態がすべてですので、預金を預金名義人（親）の生活・介護等のために子がキャッシュカードを使って下ろすことは、法的にも税務的にも本来問題となることはありません（贈与目的の移動は不可）。

ただ、将来的に利害関係を持つ兄弟から不透明な財産管理・贈与・横領を疑われないようにすべきです。下ろした預金を親のために1円違わず使用したという証明ができるように、すべての領収書を保管して使途不明金がないようにしておきましょう。

ただし、キャッシュカードが磁気不良などで使えなくなったときに、その時点で預金名義人たる老親の判断能力が低下していれば、カードの再発行手続き自体ができず、結局預金を下ろせなくなります。以上を踏まえると、やはり家族信託で余剰金銭部分を受託者たる子にあらかじめ預けておくことが、最も堅実な資産凍結対策といえます。

生命保険（〝付き合い〟で入るのではなく、積極的な活用も良策）

Point

万一の際の遺族への生活保障だけでなく、資産増幅・節税策・遺留分対策としても生命保険の検討は重要。

ココをおさえる！

- ☑ 遺される家族の保障のため「死亡保険金」として保険で資産を遺す選択肢も有効
- ☑ 生命保険は相続税の非課税枠が利用できるので、相続税対策の一つとしても有効
- ☑ 子や障がい者などに対して、死亡保険金の渡し方を工夫できる「生命保険信託」もある

親が元気なうちに家族信託と生命保険を同時に検討すべき

生命保険については、左ページに挙げているように様々なメリットがあります。そのため、一定以上の金融資産があり、かつ契約できない年齢や健康状態でなければ、検討に値する重要な選択肢の一つです。

生命保険は、いざというときの家族の生活保障のために備えるという意味で、家族信託と相通じるものがあります。また、家族信託と同様、親が元気なうちでないと契約することができません。

残念ながら、家族信託のしくみの中で生命保険を取り扱うことが難しいので、将来の検討課題として生命保険の活用を先延ばしにすることはできません。

つまり、信託財産として預かった金銭で受益者たる親のために受託者が契約者として生命保険に加入することはできませんし、生命保険に関する権利を信託財産に入れて、親の判断能力が低下した後に、受託者が保険内容の変更をしたり、解約をすることもできません。さらに、受託者が受益者本人に代わって保険金を受け取ることも難しいのです。

したがって、**生命保険の契約手続きは、将来において新規加入・変更・解約ができない可能性を踏まえ、親が元気なタイミングですべて済ませておくことが必要**です。つまり、家族信託と一緒に検討・実行することが理想的といえます。

死亡保険金の渡し方にバリエーションが可能

前述の通り、生命保険を家族信託による財産管理のしくみの中に入れることが難しいので、家族信託の受託者が受益者個人を受取人とする保険金を代わりに受け取ることはできません。したがって、受取人側の保険金の管理や使い方に能力的な問題があると、「保険金が入るから安心です」とはいえなくなります。

具体的には、受取人が幼子、障がいを持つ子、浪費癖のある家族などであれば、左ページの**「生命保険信託」というサービス商品を利用して、保険に財産管理の機能を持たせる**ことも検討に値するでしょう。

生命保険の4大メリット

生命保険の4大メリット

1 遺族への生活保障・納税資金を確保

万一のとき、遺族が何十年も生活できるだけの資金として支払保険料以上の金銭を得ることができる。相続税の納税原資としても有効。

2 相続税対策に有効

相続税の非課税枠を利用することで相続税対策に活用できる。

金 500 万円 × 法定相続人の数 = 非課税限度額

※死亡保険金の受取人が法定相続人（相続放棄した人は除く）である場合、すべての法定相続人が受け取った保険金の合計額が上記計算式によって計算した限度額を超えるとき、その超える部分のみが相続税の課税対象になる。

3 所得税・住民税の軽減

支払った保険料の一部が毎年の確定申告時に「生命保険料控除」として利用可。

4 遺産分割・遺留分対策に有効

生命保険金は受取人固有の財産で遺産分割や遺留分計算の対象から外れるので、代償金や遺留分侵害額の支払い資金に有効。

生命保険信託とは

生活保障のための保険金をその受取人（特に未成年者や障害者）がうまく管理できないケースに備え、生命保険に「信託」による財産管理機能を組み合わせた商事信託のサービス。これにより、保険金の受取方法をこれまで以上に、柔軟に決めることができる。

保険契約
遺族の生活費を保険金として準備

＋

信託契約
遺族への保険金の支払方法を指定

❶保険金の支払い

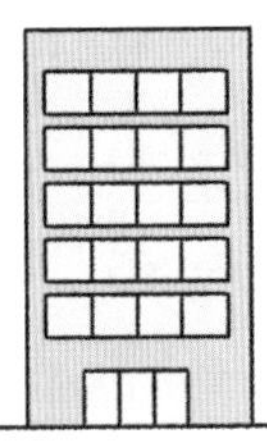

生命保険会社

❷保険の管理

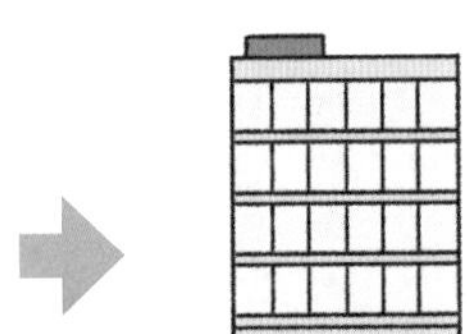

信託会社

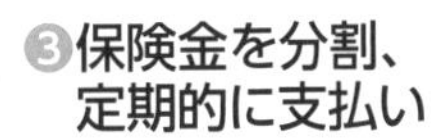

❹（第一受取人がいない場合）保険金を一括で支払い

出典：ソニー生命（https://www.sonylife.co.jp/land/shintaku）

配偶者居住権と受益者連続型信託の比較

Point

2020年4月1日より新設された配偶者居住権のメリット・デメリットを踏まえ家族信託と比較検討すべき。

- ☑ 高齢者の配偶者が遺される場合、二次相続の節税策や遺留分対策として配偶者居住権が選択肢になる
- ☑ 自宅を売却する可能性や配偶者の生活サポートの観点で考えると家族信託のほうがベター

配偶者が自宅に安心して住み続けられるためのしくみ

「配偶者居住権」とは、２０２０年４月１日施行の改正民法により創設された制度で、相続発生により遺された配偶者が故人の所有する建物（夫婦共有の建物でも可）に居住していた場合に、**相続発生後も配偶者が生涯無償で自宅に住み続けることができる権利のこと**をいいます。

元々は、高齢の配偶者と子が遺産分割調停で争う場合に、遺産全体に占める自宅の時価評価が大きなケースなどにおいて、**配偶者居住権を活用して、配偶者の自宅居住を継続しつつ配偶者の老後の生活資金もある程度確保すること**で解決を図るものとしてつくられました。

二次相続の節税策や遺留分対策として有効

例えば、夫の死亡（一次相続）で妻が所有権財産としての自宅（例えば２０００万円の評価）を相続すると、妻死亡時（二次相続）では、自宅全体が相続税の課税対象になります。一方、一次相続で妻に配偶者居住権を設定し、自宅の所有権は長男に相続させるとします。すると、一次相続では自宅の評価を「配偶者居住権の評価（１０００万円）」と「負担付所有権の評価（１０００万円）」に分けることができ、二次相続では、配偶者居住権は消滅して相続税の課税対象になりませんので、**配偶者居住権の評価分（１０００万円）が相続税課税対象から外せるという節税効果が見込めます**。ただし、節税効果は、一次相続と二次相続の相続税の合計納税額で判断すべきですので、きちんとした相続税のシミュレーションをしましょう。

また、例えば夫が遺言の中で、配偶者居住権を設定し、自宅の負担付所有権を唯一の子に、配偶者居住権を含むその他一切の財産を妻に相続させる旨を遺します。子が妻に遺留分侵害額請求をした場合、子が持つ遺留分に相当する権利のうち、すでに負担付所有権の評価額相当を子に渡したことになりますので、**遺留分侵害額の圧縮が可能**となります。このように、遺留分対策として配偶者居住権を遺言の中で活用することもできます。

配偶者居住権と受益者連続型信託

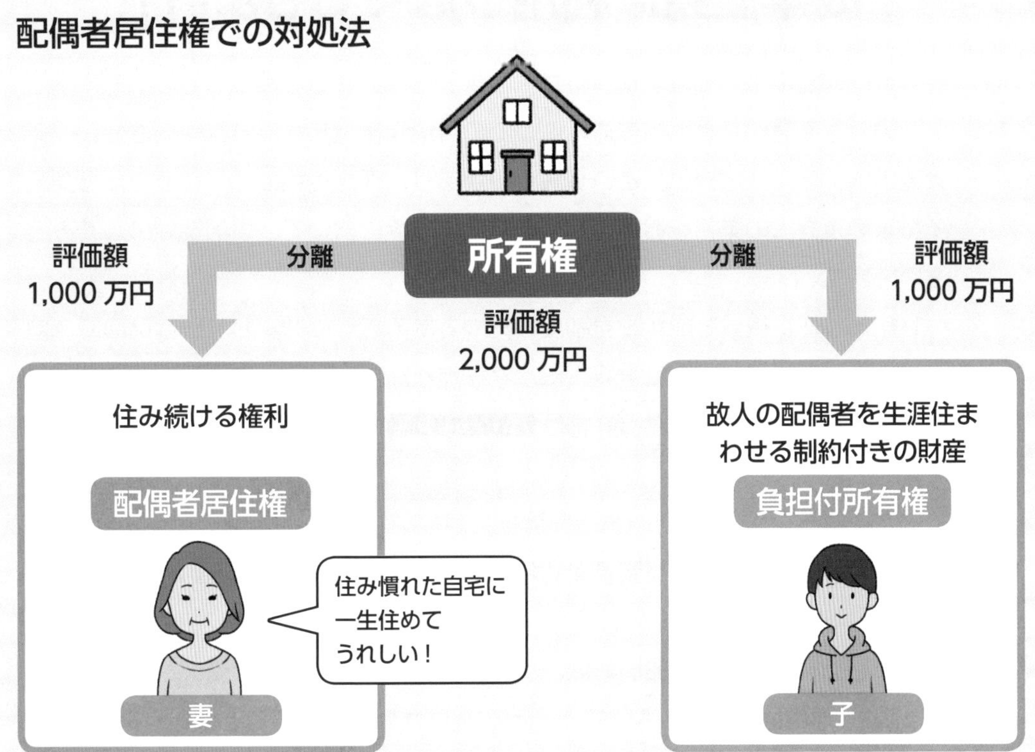

配偶者居住権よりも受益者連続型信託がお勧めできる３つのポイント

1 自宅を処分して介護費用に充てたくてもできないリスク

配偶者居住権に基づき自宅に住む配偶者が入院・入所せざるを得なくなり、自宅を売却し介護費用を捻出したい場合、自宅の所有者は、負担付所有権を持つ子であるので、売却手続きをするのは子になる。

また、自宅の売却代金は所有者たる子の財産になり、配偶者は、配偶者居住権を放棄する際に自宅所有者たる子から対価を受けることしかできない（その際、配偶者に譲渡所得税が課税される可能性もある）。

2 認知症対策・生活サポートのしくみにはならない

配偶者居住権は、遺される配偶者の居住する権利を確保するだけで、判断能力低下時における財産管理や生活サポートについては、別途対策を講じなければならない。

3 内縁の配偶者には使えない

配偶者居住権は、入籍をしていない内縁関係の配偶者に対しては認められない。

親が認知症になっても 成年後見は利用しなくてもよい⁉

親の認知症によって資産が凍結される事態を回避する施策として、事前準備としての「家族信託」と、事後対応としての「成年後見」があります。さらに成年後見の中には「任意後見」というしくみがあり、任意後見は元気なうちから契約で将来の後見人の業務をお願いしておくという点において、事前準備のしくみともいえます。

しかし、任意後見も成年後見制度の一つであることには変わりがないので、自分が任せたい相手が確実に後見人になれる点を除き、その実体は「法定後見」とあまり変わりがありません（詳細は P61・64参照）。

一方、信託の受託者には「身上監護権」がないので、認知症になった親の入院・入所契約時には結局、**後見制度を利用しなければならないと勘違い**している人も多いようです。

しかし、実際の現場においては、病院・施設に対して身元引受人となる家族がいる限り、通常は後見人による身上監護の権限が問題となることはあり得ません。つまり、老親の入院・入所手続き、介護認定の申請、ケアプランの策定においては、通常は**「子」「孫」「甥・姪」などの立場で実質的に対応が可能**となるため、成年後見制度を利用して身上監護権を持つ者を決める必要はありません。

成年後見制度の身上監護権が問題となるのは、家族内で医療・介護の方針が対立するような場合です。その最終的な決定権を持つために後見人に就任して身上監護権を確保することはあり得ますが、円満な家族関係であれば、成年後見制度を使わずに親の生涯を支えるしくみをつくることができます。

結論として、円満な家族においては、成年後見制度を使わなくても、老親の生涯にわたる財産管理・生活サポートの部分については「家族信託」で万全にし、いざというときの入院・入所手続きを含めた身上監護の部分は「子の立場」として担うことができるケースがほとんどであるといえます。

第3章

家族信託と家族会議の実務

ちょっと
これを見てくれよ
宮田先生が
家族信託を始める
ためのスケジュール表を
送ってくれたんだ

家族会議

現状やリスク等の情報共有 ← 取り得る各種方策の検討 ← 信託設計・契約書案の検討 ← 公証役場で公正証書作成

何度も開催するので最短で1カ月前後 ／ 通常2週間前後

へぇ～
最短でも
1カ月半くらい
かかるのね

プルルル・・・
……というわけで親父たちの今後のことは家族信託を使って決めていこうと思うんだ
今度の金曜の夜に家族会議を開くから沙耶香も同席してくれないか？

その日は予定があって行けないわ その次の金曜じゃだめ？
そうかぁ～ もう一度調整してみて日程が決まったら連絡するよ

プルルル・・・
来週の金曜がいいらしいんだけど親父はどうだい？
その日は予定があってなあ……変更できるか聞いてみるよ
わかったよ 頼むよ

みんなの都合を合わせるのも結構大変だな
へェ～

道男の家
お兄ちゃん お義姉さん 久しぶり
正月に会ったきりだな 今日はよろしく頼むよ

お邪魔します
本日はよろしく
お願いします！

では早速
家族会議を
始めよう

といっても
何から始めれば
いいのかな
まずは
道男さんの
保有資産の情報を
共有しましょう
それを踏まえて
今後のリスクや
親側と子側の希望に
ついて話し合う
ことが大切です

もし道男さんが
病気や認知症に
なったりしたら……
さらには
亡くなってしまったときに
あけみさんや
次郎さんの生活をどう
やって支えていくのか？
ご家族全員の
理解と納得のうえで
決めていくのが
家族会議の目的です

そんなの
長男が面倒をみるのが
当たり前でしょ
!!
ムッ

沙耶香だって
娘なんだからしっかり
考えてくれよ
女のほうが何かと
融通が利くだろ
カチン

ゴゴゴ
女だから
面倒をみろ
ですって!?
私だって心配だけど
近くにいないんだから
仕方ないじゃない!!
あっ……いや

お前たちに
面倒をかける
つもりはない！
カァ～～～！

私はこれまで
多くのご家族の話し合いに
同席してきましたが
最初から意見がまとまる
とは限りません
何回か話し合って
いるうちに
皆さんが納得できる
方向性が見つかる
ものですよ
まぁまぁ
シャー
ガルルル

俺は親父に何かあったらヘルパーさんを頼んで家事の手伝いをしてもらえばいいと考えてたんだ
状況によって施設に入ってもらうことも考えなきゃいけないけど
いろいろお金もかかるのよ そのお金はどうするの？
アパートの家賃が毎月60万円入ってくるだろ

それと親父とお袋はいくら年金をもらっているんだい？
そんなことまで話さなきゃいけないのか！
今後のプランを話し合ううえで収入と支出を把握することがとても大切なんですよ
母さんの年金は2カ月で12万円で 俺は2カ月で40万円 それと次郎の給料が4万円入ってくるよ
支出はどうなっているんだ？

生活費が毎月なんだかんだで20万円くらいかかっているな
結構余裕があるのね
だけどお父さんに何かあったらお金の管理はどうするの？
引き続き両親の保有資産や毎月の収支状況を踏まえ最適な方策を家族会議で検討していきましょう！
あー
ムムッ

これで
家族会議も
4回目か
だいぶ
方向性がみえて
きましたね
私も家族信託の
メリットが
わかってきたわ
お兄ちゃんを
受託者として契約を
結ぶのがいいみたいね

これ
沙耶香さんが持って
きてくれたのよ
おっ!
もしかして
駅前のケーキ屋の
ショートケーキ?

いつだったか
お兄ちゃんの分も
次郎が食べちゃって
大騒ぎになったよね
そうそう
あのときは
すごい剣幕で
びっくりしちゃった
そーいえば…
そんなことも
あったよな
あのときは
本当にごめんね

じゃあ、このケーキは
おわびの印に
お兄ちゃんにあげる?
ちょっと――っ
ったく…

家族信託の活用チェックリスト

Point

チェックリストに該当する項目があるかどうかで「家族信託」を効果的に活用できるかがわかる！

ココをおさえる！

☑家族信託の典型的な活用場面を知ることで、自分の家族・親族でも使える可能性があることに気づくことが重要

☑活用できる可能性を認識した場合、家族信託に精通した法律専門職に家族全体で相談することが大切

まず自分の家族・親族に当てはまる要素の有無を確認

家族信託のしくみについて概略を把握したら、まずは左ページの**家族信託チェックリスト**で自分の家族や親族に当てはまるような悩みやケースはないかを確認しましょう。

もしチェックリストに該当する項目が一つでもあれば、親の老後や相続の備えに関して、**家族信託が効果的な方策の一つになり得る**と判断できます。

ただし、チェックリストに該当する項目があったからといって、必ずしも家族信託がベストな選択肢になるとは限りません。

大切なのは、家族がそろった家族会議の中で、親本人がかなえたいこと、実現したい未来は何か、という**希望・想い（プラス的観点）を家族全員で共通認識する**ことです。

さらに、何の備えもしなかった場合に、本人や家族に**どんなリスクが生じるか（マイナス的観点）を知る**こと。この2つの観点から家族が取り組む方向性を検討することになります。

もちろん、その2つの観点を踏まえたうえで検討するために、専門家を交えたほうがよいことは間違いありません。

家族会議のプロセスを経れば争族は防げる!?

家族が取り組む方向性とは、例えば、親の介護費用を確保したいとか、賃貸経営の安定化と円滑な承継を検討しようとか、将来兄弟で、もめないような争族対策を実行したい……といった取り組むべき対策のゴールとその優先順位を決めることです。方向性が決まったら、次は家族信託にも精通した法律専門職を交え、**取り得る方策のうちどれがベター・ベストかを比較検討**します。

この過程を経ることが大切です。結果としてどの方策を実行することになっても、あるいは、その方策を実行する前に親が認知症になったり、死亡したりしたとしても、家族全体で検討したことが大きな意味を持つのです。家族が納得するまで話し合うことが、争族を防ぐことにつながります。

家族信託チェックリスト

1 認知症による資産凍結対策、争族・相続税対策

No.		本人および家族の思い・要望	参照ページ
1-1	□	認知症等による判断能力低下により親の預金が引き出せなくなる事態を避け、事務負担・経済的負担の多い成年後見制度を使わずに、親の生涯の財産管理と生活サポートを軽負担で遂行したい	➡ P160
1-2	□	認知症等による判断能力低下後も、老親の保有資産の有効活用・処分・組み換え等の相続税対策を完遂したい（例：遊休不動産の売却·買い換え、アパート建設、賃貸マンションの購入、借地の買い取り等）	➡ P160
1-3	□	将来老親が施設入所して実家が空き家になったら介護費用捻出のため売却したいが、親の健康状態に左右されずに（親が認知症になっても）、適切な時期に確実かつスムーズに売りたい	➡ P158
1-4	□	親の存命中に、推定相続人全員で将来の遺産分割内容を円満に確定しておきたい	➡ P172

2 何段階にも資産の承継者を指定したい（数次相続対策）

No.		本人および家族の思い・要望	参照ページ
2-1	□	子どものいない夫婦において、自分亡き後、配偶者が安心して暮らせる財産管理と生活サポートのしくみをつくりたい。また、配偶者亡き後の財産については、自分の親族に遺したり遺贈寄付をしたい	➡ P162
2-2	□	自分亡き後、既に判断能力のない配偶者が安心して暮らせる財産管理と生活サポートのしくみをつくりたい。また、配偶者亡き後にどのように複数の子に分配するかも決めておきたい	➡ P164
2-3	□	長男夫婦に子がいないので、長男に遺した財産が将来長男の嫁の親族に流失するのを避けたい	➡ P162
2-4	□	自分亡き後は後妻に財産を遺したいが、後妻亡き後は、前妻の子に財産を渡したい（遺産相続分が減ることを理由に子が親の熟年再婚に反対しているが、再婚する後妻に遺した財産は最終的に前妻の子に戻すしくみをつくることで再婚を納得・祝福してほしい）	➡ P166
2-5	□	親亡き後に遺される障害を持つ子の財産管理とその先の資産承継に備えたい	➡ P176

3 共有不動産にかかわるトラブル回避策・塩漬け対策

No.		本人および家族の思い・要望	参照ページ
3-1	□	自分亡き後、賃貸不動産が複数の子で共有になるのを避けつつも、賃料等の利益は複数の子に分配したい	➡ P168
3-2	□	既に家族・親族で共有となっている不動産について、今後共有者が増えたり関係性のよくない共有者が現れて、将来的に共有不動産の有効活用や処分ができなくなるリスクを回避したい	➡ P170

4 事業承継・経営承継対策

No.		本人および家族の思い・要望	参照ページ
4-1	□	中小企業の大株主たる親が認知症等による判断能力低下により、経営判断・総会決議ができなくなる事態を回避したい	➡ P178
4-2	□	生前贈与で後継者たる子に自社株を渡したいが、経営権はまだ自分の手元に置いておきたい	➡ P180
4-3	□	会社経営の後継者たる子が独身なので、自分でその子のさらに後の後継者まで指定しておきたい	

家族会議の意義・効果

Point

親の保有資産や収支状況をオープンにするとともに、親側・子側の希望を家族全員で共有するプロセスが重要。

- ☑親の老後の支援体制は、家族全員が集まる家族会議の中で話し合って決めるべき
- ☑家族信託が活用できそうな場合、家族信託に精通した法律専門職に家族全体で相談することが大切

まず家族で話し合う場を設けるところから始める

親の老後の支援体制をどうつくるかについては、親が、支え手となる子側に対し、現在の保有資産の状況と、それを今後どのように消費または運用して、最期のときまでどう過ごしたいかという希望をしっかりと伝える必要があります。

家族信託などの具体的な方策の検討の前に、まず**親と子が想いや情報を共有する場**として一堂に会する機会（これを**家族会議**と呼ぶ）を設けましょう。

しかし実は、これが家族にとって高いハードルとなるケースがあります。子世代もそれぞれ家庭を持ち、生活の拠点を別にしていれば、改めて親と子全員が集まって話し合う機会を設けようとしても、日程調整は簡単ではありません。子世代は働き盛りで仕事に子育てに奔走している最中でもありますし、地方転勤や海外赴任等で物理的に全員がそろわない家族も少なくありません。

それでも、親が将来、認知症などで自活できなくなる事態に備え、**子が協力して財産管理を担い、長い老後生活をサポートする体制づくりに早い段階から取り組む**ことで、老親もそれを支える子世代自身も憂いを少なく過ごすことが可能になります。

話し合いを重ねるたびに家族の絆を取り戻すことができる

物理的に集まることが難しければ、リモート会議でもいいですし、後日会議の議事録（話し合いの要旨をまとめたもの）をメールで共有するなど、**家族で話し合うというプロセスに全員がかかわっている形を取ること**は非常に大切です。

親が「声をかけても子どもたちは集まらないよ」と招集を躊躇していた場合でも、実際に声をかけてみると、子全員が案外スムーズに集まったことも少なくありません。家族会議を何度も重ねるうちに、親の衰えのきざしや財政状況を正確に把握し、また兄弟間の不平等感に対する誤解や疑心暗鬼の部分が解消されていきます。**回数を重ねるごとに家族会議の雰囲気がみるみる明るくなってくる**のを肌で感じるケースも多いものです。

家族会議をする意義・効果・メリット

1 家族内で現状についての正確な情報共有

- 「親と同居する子だけ経済的な恩恵を受けているのではないか」といった他の兄弟の誤解や憶測をなくす
  - ➡**兄弟間の情報格差は確執を生む元凶**
- 「将来親の介護費用を自分たちが援助する必要があるかも」といった子側の不安を解消する（資産状況によっては子側が支える覚悟を決める）
  - ➡**家族内の漠然とした不安を解消して親の積極的支援を促す**

2 家族内で老親および家族の想いの共有

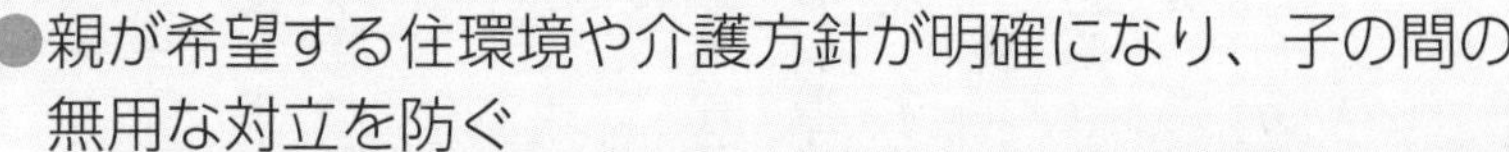

- 親が希望する住環境や介護方針が明確になり、子の間の無用な対立を防ぐ
  - ➡**子との同居、自宅の建て替え、施設入所の時期・施設のランクなどをあらかじめ決めておくことで子側も納得して支えられる**
- 親と子の両者が納得する円満円滑な資産承継の実現
  - ➡**親側の一方的な希望ではなく、子側も納得感のある資産承継こそ活きた資産の承継となる**

3 実行する施策についての検討プロセスの共有

- 家族全員が納得した老後の支援体制がつくれる
  - ➡**家族信託・遺言など、取り得る各施策の趣旨・効果・デメリット・費用を比較検討することで、皆が安心・納得できる**
- 一部の子に負担をかけるのではなく、子全員が役割分担をしつつ連帯感を持って親を支えるしくみをつくれる
  - ➡**各子どもの貢献度に比例して承継財産に差をつけることが公平な承継になり得る**

4 信託契約後も定期的な情報共有

- 老親の近況・保有資産状況について、定期的な家族会議の中で報告し合う
  - ➡**離れて暮らす子も安心でき、また受託者の財産管理状況をチェックすることにもなる**

家族会議の議題と進め方

Point

家族会議では親の現状と家族の思いを全員で共有したうえで、専門家が同席して取るべき方策を検討する。

ココをおさえる!

- ☑親が子に思い切って情報開示するところからスタート
- ☑本人および家族の希望というプラスの視点と、備えをしないリスクというマイナスの視点の両面から検討する
- ☑家族会議には専門家が同席して進行をサポートする

家族で親の保有資産・収支状況を共有する

家族会議では、まず、何のために家族全員を集めたかという会議の目的を明確にしましょう。

最大のテーマは、もし親が認知症等になった場合、子がどのように支えていくかという**老親の将来の生活支援体制**についてです。これを議論するためには、親の保有資産の詳細、現在の収入（年金や賃料収入、株の配当金）や現在の支出状況（生活費等の消費額）、将来的な支出予測（将来、施設入所する場合の毎月の必要コスト等）を家族全員に公開する必要があります。

自分の保有資産を家族に公開することに二の足を踏む親世代も少なくありませんが、支え手となる子側からすれば、**親の保有財産で老後が安泰（あんたい）なのか、子側の経済的な支援が必要なのか**は大きな関心ごとです。子側としては、経済的な支援が必要なければ、より安心して親の老後にかかわれるかもしれませんので、親自身のためにも情報開示は大切です。

専門家同席のもとで親と子の希望を擦（す）り合わせる

次に、親側の老後の希望や資産承継への想い、子側の希望を家族内で共有し、家族として実現したい未来の優先順位を一致させます。そして、それを実現するための方策を専門家が示すという流れです。また合わせて、そのまま何の方策も実行しなかった場合に、何が困るのか、どんなリスクがあるのかを、専門家の意見を聞きながら検討します。

つまり、**現状を正確に把握**し、それを踏まえて**家族全体の意向を確認**し、**備えをしないことのリスクを認識**したうえで、**取るべき方策を比較検討・取捨選択**するという流れになります。そして、親の老後をきちんと支えた先に、いつか来る相続、親の想いにかなった資産承継・子の希望に沿った資産承継の形を検討するという順番がベターだと考えます。

なお、家族会議には、家族内の疑問や懸念事項に即座に対応できる専門職が常に同席すると、議論が停滞することなく、スムーズな進行が可能となります。

家族会議の4つの議題

1 正確な現状把握と将来予測について

- 現在の親の健康状態・生活状況
- 保有資産とその評価額（不動産の時価、預貯金額・有価証券の評価額）
- 毎月の収支状況（年金収入・生活費の支出額など）および将来の収支予測
- 相続税の税額シミュレーション

2 親の今後の生活について

＜親の希望＞

(例)
- 長男には実家に戻ってきて同居してほしい
- 2世帯住宅に建て替えたい
- 要介護状態になってもできる限り在宅介護を受けながら自宅で過ごしたい
- 要介護状態になったら、早めに施設入所したい
- 夫が先になくなったら、実家のある□□県に戻りたい

＜子の希望＞

(例)
- 老親の独居は不安なので、長女と同居してほしい
- しかるべきタイミングで施設入所してほしい
- 介護費用が不足しそうになったら自宅を売却したい

3 財産承継について

＜親の希望＞

(例)
- 先祖代々の実家は売らずに守っていってほしい
- 遺される妻の生活は万全にしたい
- 自宅は長男、アパートは二男、金融資産は長女に遺したい
- 長男には、これまでさんざん資金援助をしてきたので、何も財産を渡したくない

＜子の希望＞

(例)
- 実家は引き継ぎ手がいなので、いずれ売却して金銭を兄弟で分けたい
- 姉家族は、親から住宅取得資金の援助を受けたが、自分は資金援助を受けていないので、将来の遺産の取り分はそれを考慮してほしい
- 相続税の負担を軽くするための税対策を実行してほしい
- 兄弟間でもめないように、資産の承継先をすべて指定しておいてほしい

4 何の対策もしない場合のリスクについて

(例)
- 親が認知症になったら、預貯金が下ろせなくなって、生活費・介護費用の捻出（ねんしゅつ）がままならない
- 親の介護方針で兄弟が対立したり、相続発生時に遺産争いが勃発したりする
- 将来の相続税の納税額が高額で納税資金の用意に困窮する

家族会議のスケジュールイメージ

Point

専門家が同席する「家族会議」で施策の検討を重ね、最終的には公証役場で公正証書を作成する。

ココをおさえる！

☑ できる限り家族全員が参加する家族会議を何度も開催し、そこに法務・税務の専門家の意見を交えながら取り得る方策を比較検討する

☑ 相談開始から家族信託の実行まで最短でも1カ月半程度要するので、緊急性を見極めて臨機応変に対応する

家族会議は納得いくまで何度でも開催する

「家族会議」と題して多少仰々しくも招集をかけないと、それぞれに家庭を持ち、なおかつ働き盛りで多忙な日々を過ごす子世代が、全員そろって親の今後について話し合う場は、なかなか持てるものではありません。

ましてや、疑問点・不安点についてその場で専門家が回答してくれる機会は大変貴重です。**家族会議の場を利用して、とことん納得のいくまで〝腹を割って〟話をする**ことが大切です。

緊急性がある場合は応急措置的な対応も

相談・検討開始から何回かの家族会議を経て、公証役場での信託契約公正証書の作成（＝家族信託の実行日）までには、**最短でも1カ月以上はかかる**と考えておくべきです。信託契約の内容・文言がほぼ固まった段階で公証役場に文案と必要資料（当事者の印鑑証明書や戸籍謄本、信託財産に関する資料など）を提出します。公証役場では事案の把握、信託契約の適法性・文言の妥当性について確認・検討したうえで準備をします。したがって、文案と資料を提出してから、およそ2週間以上先の日程で作成の日時を予約することが一般的です。

つまり、家族会議のスケジュール調整が手間取れば、あるいは家族会議の回数が多くなればそれだけ家族信託の実行日までの所要日数は増えます。親の体調等に緊急性がない場合、通常のプロセスを踏むとおよそ2～4カ月程度かかっているケースが多いといえます。

もし老親の体調が優れず、数カ月先の理解力低下や意思表示が困難になる危険性が想定される場合は、公正証書での作成ができなくなる事態に備え、〝保険〟の意味で**私文書による信託契約書を締結するという応急措置的対応**をします。

ただ、私文書で応急措置的対応をする場合は、将来の〝争族〟が起きないように、あえて**遺言の機能を持たせない**契約内容（資産の承継については指定せず、存命中の財産管理権限を確保するための信託内容）にする工夫も必要です。

家族会議から家族信託の実行までの工程のイメージ

第1段階（通常2～4カ月（最短でも1カ月半程度））

家族会議

家族会議で４つの議題について家族内が共通認識を持つ

▼

今後の対策の要否の検討と実現したいことの優先順位

（例）認知症による老親の預金凍結防止を最優先にしたい
直近１年以内に売却予定の不動産を確実に売れるようにしたい

●既に遺言を作成しているなど、新たな対策が不要な場合もある

▼

取り得る施策の比較検討

（例）家族信託、遺言、任意後見、生前贈与、親子間売買、生命保険の活用、資産管理会社の設立、養子縁組、遺留分放棄…

▼

実行する施策の設計・文案の検討

▼

公証人[※1]による公正証書[※2]の作成（信託契約・遺言など）

公証役場[※3]での作成または公証人の自宅などへの出張による作成

●信託契約はこの時点で発効し、子による財産管理がスタート！

※１ 当事者やその他の関係者の依頼によって公正証書を作成したり、私署証書などに認証を与えたりする権限を持つ者

※２ 公証人が法律上の権利等に関する事実について作成した証書

※３ 法務省法務局に属する機関（国内に約 300 カ所）

第2段階

信託登記（不動産を信託財産に入れた場合）

●管理を担う受託者の名前を登記簿に掲載する手続き

公正証書で作成することの意味・効果

Point

信託契約は私文書でも有効ではあるが、公正証書で作成することを原則として準備を進めるべき。

ココをおさえる！

☑信託契約を公正証書にすれば再発行もできて安心
☑公証人の本人確認手続きを経て将来の争族を回避
☑公正証書を作成するというプロセスを節目のセレモニーとして重要視する

すべてのよりどころとなる信託契約を公正証書で万全に

家族信託は、設計次第では長寿の両親を支えるために何十年と継続する財産管理のしくみとなります。また、子や孫、さらにはその先の世代まで資産承継の道筋をつける遺言の代用機能も持っています。そんな財産管理の権限と資産承継先の指定のすべてのよりどころになるのが信託契約書です。

したがって、信託契約書はワードなどの私文書で作成しても法的効力は変わりませんが、**再発行のできない私文書**での作成はお勧めできません。

もし、信託契約書の原本を紛失してしまいますと、信託契約期間中の受託者の管理処分業務に支障が生じる可能性がありますし、信託契約で実現したかった資産承継が確実に実現できなくなるリスクが高まります。

長期的かつ重要な財産管理に関する重要書類ですから、万一**契約書の原本を紛失・棄損しても再発行ができる公正証書**で作成することは必須だと考えます。

公証人の本人確認を通すことで後日の争族を回避

後日の争族防止の観点からも公正証書は必須です。例えば、家族信託の契約の中で設定された資産承継先の指定について快く思わない利害関係人（相続人等）がいた場合、**信託契約の有効性自体を争う事態**（無効を主張する事態）が起きかねません。

特に私文書に署名押印した場合、「委託者の自署ではない」「実印を本人に内緒で押した」「契約締結日を操作した」「本人に無理にサインさせた」「そもそも信託契約日の時点で委託者の判断能力はなかった」等の争点が出てきかねません。

一方、公正証書での作成にあたっては、**公証人が契約当事者**（委託者と受託者）**の面前で契約内容・作成意思を確認**しますので、後日信託契約の法的効力を否定することはかなり困難になります。

以上を踏まえると、信託契約を公正証書でつくるというプロセスは必須であり、重要な節目のセレモニーとして考えてください。

公正証書と私文書のメリット・デメリットの比較

	信託契約公正証書	私文書
メリット	❶本人の意思を公証人が確認するので、後日契約の効力が否定されるなどの紛争になりにくい ❷契約書の原本を紛失しても再発行可能 ❸契約後、金融機関で"信託口口座"（P100参照）の作成がスムーズ ❹受託者に対する金融機関の融資を受けやすくなる	❶契約締結までの準備期間が短い（緊急対応すべきときに効果的） ❷コストがかからない（収入印紙200円のみ） ❸文書作成のタイミングが自由（夜間や土日祝日でも作成可能）
デメリット	❶契約締結までの日数がかかる（公証役場側の準備に2週間前後かかる） ❷コスト（公正公証の作成手数料）がかかる（P95参照） ❸委託者および受託者が必ず公証人の面前で作成する必要がある（代理不可） ❹公証役場が開いている平日の日中しか原則として作成できない	❶後日の紛争が起きる可能性がある（日付バックデート、代筆、印鑑流用、判断能力の欠如による法的無効） ❷契約書の原本を紛失すると対応できなくなる可能性がある ❸金融機関で"信託口口座"の作成などができなくなる可能性がある

信託契約を公正証書で作成することは、後々の争族防止の観点からも重要です。家族信託はその後、何十年も続く財産管理のしくみとなり得るため、私文書ではなく公正証書で作成することをお勧めします。

公正証書と作成手順

公正証書の見本

令和元年第■■■号

金融資産の管理処分に関する信託契約公正証書　正　本

本公証人は、当事者の嘱託により、次の法律行為に関する陳述を録取して、この証書を作成する。

委託者■■■は、引き続き安心かつ平穏無事な老後を過ごせるように自分の健康状態に左右されない円滑な財産管理と万全の生活支援の仕組みを作りたいとの想いを込め、そして■男■■■はその想いを受け止め、その想いを実現すべく、■■■を受託者として本契約を締結するものである。

（契約の趣旨）

第１条　委託者■■■は、受託者■■■に対し、次条記載の信託の目的達成のため、同記載の財産を信託財産として管理処分することを信託し、受託者■■■はこれを引き受けた（以下、この契約を「本契約」又は「本件信託」という。）。

（信託財産及び信託の目的）

第２条　本件信託は、後記「信託財産目録」記載の金融資産（以下、本件信託財産から生じる果実及び第７条により新たに追加する金銭を含め「本件信託金融

公　証　人　役　場

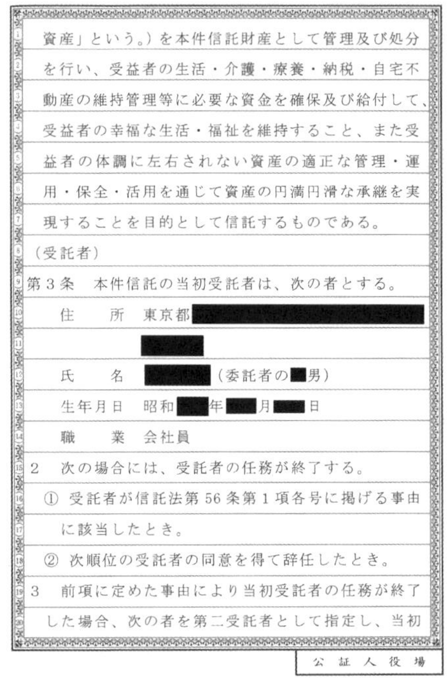

資産」という。）を本件信託財産として管理及び処分を行い、受益者の生活・介護・療養・納税・自宅不動産の維持管理等に必要な資金を確保及び給付して、受益者の幸福な生活・福祉を維持すること、また受益者の体調に左右されない資産の適正な管理・運用・保全・活用を通じて資産の円満円滑な承継を実現することを目的として信託するものである。

（受託者）

第３条　本件信託の当初受託者は、次の者とする。

住　　所　東京都■■■

氏　　名　■■■（委託者の■男）

生年月日　昭和■年■月■日

職　　業　会社員

２　次の場合には、受託者の任務が終了する。

①　受託者が信託法第56条第１項各号に掲げる事由に該当したとき。

②　次順位の受託者の同意を得て辞任したとき。

３　前項に定めた事由により当初受託者の任務が終了した場合、次の者を第二受託者として指定し、当初

公　証　人　役　場

公証役場での公正証書作成までの流れ

1 信託契約書案が確定した段階で下記のものを公証役場に提出する

通常10日前後かかる

- 信託契約書案
- 契約当事者に関する戸籍謄本・印鑑証明書
- 信託財産に関する資料（不動産の場合は登記簿謄本や評価証明書）

文案確定から2～3週間かかる

2 公正証書の体裁に整えた文案を公証役場からもらう

3 家族会議またはメール等のやり取りの中で最終確認を行う

4 予約していた日時で公正証書を作成する

- 公証役場または自宅・入院先・入所先において、委託者・受託者・司法書士※が同席して作成する。

※信託登記をする司法書士が登記手続きの依頼の前提として契約に立会い、本人確認をする。

必要書類と作成手数料

公正証書作成のために用意したい書類

●信託財産に関する資料

❶不動産の登記事項証明書
❷不動産の固定資産税評価証明書（課税明細書や名寄帳（なよせちょう）の写しでも可）
❸公図（私道部分等の漏れがないかチェックするため）
※その他、預貯金や有価証券に関する資料の用意が必要なこともある。

●契約当事者に関する資料

❶委託者の戸籍謄本
❷委託者の印鑑証明書（発行後３カ月以内）
❸委託者の住民票
❹委託者の身分証明書のコピー（運転免許証・パスポート・保険証など）
❺受託者の戸籍謄本
❻受託者の印鑑証明書（発行後３カ月以内）
❼受託者の住民票
❽受託者の身分証明証のコピー（運転免許証・パスポート・保険証など）

公正証書の作成手数料

公証人手数料令 第９条別表

	目的の価額		手数料
証書の作成		100万円以下	5,000円
	100万円超	200万円以下	7,000円
	200万円超	500万円以下	11,000円
	500万円超	1,000万円以下	17,000円
	1,000万円超	3,000万円以下	23,000円
	3,000万円超	5,000万円以下	29,000円
	5,000万円超	１億円以下	43,000円
	以下、超過額5,000万円までごとに、3億円以下まで13,000円、10億円以下まで11,000円、10億円を超える場合8,000円を加算。		

法人を受託者とした長期の財産管理

Point

受託者は個人でなくてもよく、法人を受託者として長期的な財産管理を実行する方策もある

ココをおさえる！

- ☑ 個人の受託者は死亡や事故による信託専用口座の凍結リスクがあるが、法人を受託者にすれば、口座凍結を回避し長期的な分別管理もしやすくなる
- ☑ 法人の維持コストがかかることや個人受託者に比べ合議制による機動力低下の問題もあるので、法人を受託者にすべきかは慎重に判断すべき

受託者交代（予備的受託者）を想定しなくて済む

個人を受託者にする場合、死亡や病気・事故などにより受託者としての業務の遂行ができなくなる可能性を踏まえ、「**予備的受託者**（第二受託者、第三受託者など）」**を契約書の中で定めておく**というケースはよくあります。

受託者が交代する場合は、信託不動産の登記簿に新受託者の名前を記載する登記手続きが必要になります。

また、従来の信託専用口座内のお金は、新しい受託者名義の口座に移動する必要がありますが、実務的にスムーズに移動させることが難しいというケースもあります。

そこで、受託者交代という手間・リスクを排除するために「**法人**」**に財産管理を託す**という選択肢があります。家族・親族で設立した法人に託すことによって、個人の受託者に託すよりも、安定性・永続性がより見込まれることになるでしょう。

法人受託者は機動力に欠けるデメリットも

しかし一方で、個人の受託者であれば権限が一人に集約され、機動力のある財産管理ができるのに対し、法人の受託者の場合は、関係者間での意見のとりまとめをする必要がある等の、合議制ゆえの**業務遂行上の煩わしい部分も出てくる**かもしれません。左ページの比較表のメリット・デメリットを踏まえつつ、専門職を交えてしっかりと検討することが大切です。

また、法人を受託者とする方針が決まった後には、**どの種類の法人を使うかなども検討する必要**がありますし、既に法人を持っている場合は、既存の法人が使えるか、使うべきかの検討も必要です。

既存の法人が休眠会社であれば使いやすいですが、本業で営業している法人や家族の資産保有法人の場合は慎重にすべきです（詳細は左ページ参照）。これから法人をつくるのであれば一般社団法人が最もシンプルでしょう。

個人受託者と法人受託者のメリット・デメリット

個人受託者と法人受託者との比較

項 目	個人の受託者	法人の受託者
メリット	●権限が集約されており、即決できる機動力がある ●しくみがシンプルでわかりやすい	●永続性が確保できる ●信託口口座でなくても分別管理がしやすい ●代表者の死亡や病気・事故等があっても信託専用口座の凍結リスクがない
デメリット	●死亡や病気・事故等で受託者がいなくなるリスクがある ●受託者が死亡した場合、受託者管理の口座がスムーズに第二受託者に引き継げるかどうか金融機関の対応の問題が残る	●重要な意思決定には、複数の理事や社員による合議で検討し、多数決で決める必要がある ●法人税というランニングコストが発生してしまう（利益がなくても法人住民税が発生） ●毎年の法人の税務申告の手間がかかる ●税務申告を依頼する税理士報酬がかかる ●法人運営の手間（毎年の定時総会の開催・役員会の開催、定期的な役員の改選手続きとその変更登記など）がかかる
信託報酬の処理	個人の雑所得	法人の所得
信託業法の適用	受託者が家族の場合、不特定多数の方に対する反復継続性がないので適用外	事業目的を変更すれば信託報酬をもらっても適用除外にできる（下記を参照）

既存の株式会社・有限会社・合同会社など活用する場合

POINT

❶定款の事業目的を変更し、「信託業法の適用を受けない民事信託の引き受け」等を記載することで、信託報酬をもらっても信託業法に抵触しないような工夫が必要

❷本業を行っている本体の会社を受託者にすることはお勧めしない。本業と家族・一族の財産管理の業務はきちんと線引きをしておき、本業の業績に左右されない財産管理を目指すべき

❸資産保有法人（法人自体に財産を持たせる計画がある場合）と受託者として財産管理を行う法人は別にすべき

新規で一般社団法人を立ち上げる場合

POINT

❶家族・親族が２人以上集まり、家族・一族の財産管理を目的とする一般社団法人を設立する。子どもがその社団の代表者になることが多い

❷定款の事業目的に、家族・一族の財産管理を目的とする旨を記載して、信託業法には抵触しないことを明記

❸法人の運営コストを考慮し、信託報酬を設定する（法人が受け取った信託報酬を法人の理事への役員報酬で支払い、法人に利益を残さないケースが多い）

一般社団法人の定款の記載例

一般社団法人 山田ファミリートラスト 定款

第1章　総　則

（名称）
第1条　当法人は、一般社団法人 山田ファミリートラスト と称する。

（主たる事務所）
第2条　当法人は、東京都武蔵野市吉祥寺本町一丁目　番　号 に置く。

（目的）
第3条　当法人は、先祖から脈々と引き継いできた山田家の財産の維持管理及び円満円滑な資産承継並びに子孫の生活の安定と繁栄を実現することを目的とし、その目的に資するため、次の事業を行う。
1．信託業法の規制を受けない民事信託の受託
2．不動産の売買、交換、賃貸借及び管理
3．有価証券の売買、管理、保有、運用
4．前各号に掲げる事業に附帯又は関連する事業

（公告方法）
第4条　当法人の公告方法は、当法人の主たる事務所の公衆の見やすい場所に掲示する方法による。

第2章　社　員

（入社）
第5条　当法人の設立後、社員となるには、山田家一族（「山田家一族」とは、山田父郎及びその直系血族並びにそれらの配偶者をいう。以下同じ。）に該当する者が、当法人所定の様式による入社申込みをし、理事の過半数の承認を得ることを要する。

（後継社員及び指名社員）
第6条　当法人の社員が死亡したときは、遺言又は当法人所定の指名書により指名がある場合にはその者が、遺言又は指名書による指名が無い場合は法定相続人全員の協議により選ばれた者1名が、当法人の社員たる地位を当該死亡者から承継する社員（以下、「後継社員」という。）となることができる。ただし、当該後継社員が入社を希望する場合は、当法人に対し、当法人所定の届出書面を提出しなければならない。
2　前項の規定にかかわらず、当法人の社員全員の同意がある場合には、山田家一族以外の者を後継社員とすることができる。

（経費の負担）
第7条　社員は、当法人の目的の達成のために、必要な経費を支払う義務を負う。

（任意退社）
第8条　退社を希望する社員は、その旨を当法人に届け出ることにより、任意に退社することができる。ただし、やむを得ない事由がある場合を除き、3ヶ月以上前までに当法人に届出なければならない。

（除名）
第9条　当法人の社員が、次のいずれかに該当するに至った場合は、一般社団法人及び一般財団法人に関する法律（以下「一般法人法」という。）第49条第2項に定める社員総会の特別決議により当該社員を除名することができる。ただし、この場合、当該社員に対し議決の前に弁明の機会を与えなければならない。
（1）本定款に違反した場合
（2）当法人の名誉を傷つけ、又は当法人の目的に反する行為をした場合
（3）その他、除名すべき正当な事由があった場合

（社員資格の喪失）
第10条　前二条の場合によるほか、次のいずれかに該当する場合は、社員はその資格を喪失する。
（1）総社員の同意があった場合
（2）社員が死亡した場合

第3章　社員総会

（社員総会）
第11条　当法人の定時社員総会は、毎事業年度末日の翌日から3ヶ月以内に招集し、臨時社員総会は必要に応じて招集する。

（招集）
第12条　社員総会は、法令に別段の定めがある場合を除くほか、理事の過半数の決定により代表理事がこれを招集する。代表理事に事故又は支障があるときは、あらかじめ定めた順位により、他の理事がこれを招集する。
2　社員総会を招集するには、法令に別段の定めがある場合を除き、会日の1日前までに、各社員に対して招集通知を発するものとする。
3　社員総会は、その総会において議決権を行使することができる社員全員の同意があるときは、招集手続を経ずに開催することができる。

（決議方法）
第13条　社員総会は、総社員の議決権の過半数を有する社員の出席（書面議決者及び議決委任者によるみなし出席も含む。）がなければ、議事を行い、議決することができない。
2　やむをえない理由のため社員総会に出席できない社員は、あらかじめ通知された事項について書面をもって議決権を行使し、又は他の社員を代理人として議決を委任することができる。
3　前項の場合、当該社員は出席したものとみなす。
4　社員総会の決議は、法令又は本定款に別段の定めがある場合を除き、出席社員の議決権の過半数をもってこれを決する。

（議決権）
第14条　社員は、各1個の議決権を有する。

（議長）
第15条　社員総会の議長は、代表理事がこれに当たる。ただし、代表理事に事故又は支障があるときは、当該社員総会において選任された他の理事がこれを行う。

（議決、報告の省略）
第16条　理事又は社員が、社員総会の目的である事項について提案した場合において、その提案につき、社員の全員が書面又は電磁的記録により同意の意思表示をしたときは、その提案を可決する旨の社員総会の議決があったものとみなす。
2　理事が社員の全員に対し、社員総会に報告すべき事項を通知した場合において、その事項を社員総会に報告することを要しないことにつき、社員の全員が書面又は電磁的記録により同意の意思表示をしたときは、その事項の社員総会への報告があったものとみなす。

（議事録）
第17条　社員総会の議事については、議事録を作成し、これに議事の経過の要領及びその結果並びに法令で定める事項を記載し、議長及び議事録作成に係る職務を行った理事が署名又は記名押印しなければならない。

第4章　役　員

（員数）
第18条　当法人の理事の員数は5名以内とする。
2　理事のうち1名を代表理事とする。

（理事の選任）
第19条　当法人の理事の選任は、社員総会において総社員の議決権の過半数を有する社員が出席し、出席した当該社員の議決権の過半数をもって行う。

（代表理事）
第20条　当法人に理事が2名以上いるときは、理事の互選によって代表理事1名を選定するものとする。

（理事の任期）
第21条　理事の任期は選任後2年以内に終了する事業年度のうち最終のものに関する定時社員総会の終結の時までとする。
2　補欠又は増員により選任された理事の任期は、前任者又は他の在任者の任期の残存期間と同一とする。

（報酬等）
第22条　理事の報酬、賞与、その他の職務執行の対価として、当法人から受け取る財産上の利益は、社員総会の決議によって定める。
2　理事には、その職務を行うために要する費用の支払いをすることができる。

信託金銭の管理方法

Point

信託契約に基づく金銭の管理は、分別管理をどう実現するかという現実的な対応を検討すべき。

ココをおさえる！

- 信託口口座による金銭管理が理想的だが、現実的には信託専用口座による管理も検討すべき
- 信託専用口座はあらかじめ信託契約書に詳細を記載する
- 信託専用口座は口座凍結リスクに備える必要がある

信託口口座の作成よりも分別管理の徹底が大事

受託者には、「分別管理義務」（信託法第34条）がありますので、**受託者の個人資産と親から託された信託財産とは、明確に分けて管理する**必要があります。そして、金銭の場合は、分別管理を徹底するために**信託口口座**（しんたくぐちこうざ）で管理するのが模範的対応です。信託口口座は、事前に金融機関に相談をしたうえで、信託契約公正証書を持参して受託者が作成する口座であり、もし受託者が交代する事態になっても、信託契約書の条項に基づき後継の受託者が口座を引き継げます。

しかし、今のところ、家族信託に基づく信託口口座の作成に対応している金融機関は多くありません。一見、信託口口座に見える口座名義でつくれる金融機関も増えてきましたが、実は〝屋号〟扱いで、受託者が死亡すれば、結局、受託者個人の相続預金としてまとめて処理されてしまい、**後継の受託者が引き継げない口座も少なくない**ようです。

今後数年以内に本来的な（屋号扱いでない）信託口口座の作成ができる金融機関が急速に増える可能性はありますが、現時点では対応できる金融機関がまったくない地域もあります。この場合は現実的な対応策を講じなければなりません。

信託専用口座は口座凍結リスクに注意

信託口口座に代わる対応として、受託者の個人口座をあらかじめ一つか2つ新規で作成し、その口座番号まで信託契約書に**信託専用口座**として記載する方策があります。口座名義は受託者個人ですが、税務は実態が重要ですので、口座名義よりもその預金が実際に誰のもので、それがどのように使われているかという実態で課税の有無を判断します。

ですから、信託契約書に基づき、親の口座からきちんと移動し、親のために使う限りにおいては、税務上のリスクはないといえます。ただし、**受託者が死亡した場合**には、受託者自身の相続預金として口座凍結され、**親の生活資金が引き出せなくなる**リスクを認識したうえで対応策を講じておくことが大切です。

信託金銭を預金口座で管理する

信託金銭を預金口座で管理する2つの方法

1 信託口口座

- 金融機関による事前のリーガルチェックを経て、信託契約公正証書をもとに作成する預貯金口座で、受託者が届出印を登録する
- 口座の名義を見ただけで信託金銭を管理している口座であることがわかる
- 受託者が倒れても、第二受託者がスムーズに預金を引き継げる

信託口口座の口座名義の記載例

委託者 山田父郎　受託者 山田子太郎 信託口

山田父郎 信託受託者 山田子太郎 信託口

山田父郎 信託受託者 山田子太郎

受託者 山田子太郎 信託口

2 信託専用口座

- 親（受益者）のお金を入れておくために受託者が新規で作成した受託者個人の名義の預貯金口座
- 銀行側には家族信託用の口座であることはいわずに作成する
- 親から預かったお金を入れていること（贈与や横領ではないこと）を裏づけるために、信託契約書に当該口座の口座番号まで明記する
- 受託者が倒れた場合、預金が引き出せなくなるリスクを認識して、対応を考えておく

信託専用口座の凍結リスクを回避する現実的な対応策

❶キャッシュカードの保管場所と暗証番号を、後継受託者と情報共有する

❷インターネットバンクを導入し、IDとパスワードを、後継受託者と情報共有する

あらかじめリスクを想定して、事前に対応策を講じておくことが大切です。

不動産を信託財産にした場合の登記手続き

Point

不動産を信託財産に入れると、その管理を担う「受託者」の住所・氏名が登記簿の所有者欄に記載される。

ココをおさえる!

- ☑信託登記はシステム上「所有権移転」という形をとるが、本質は不動産の管理を担う「受託者」の名前を登記簿に記載するという意味にすぎない
- ☑信託登記後の登記簿には「信託目録」がつくられ、信託契約の内容のうち信託目的や受託者の権限などが誰でも見られる情報として公開される

受託者が形式的な所有者として管理や処分ができる

信託登記の手続きがなされると、登記簿の甲区所有者欄に**「受託者」という肩書付きで受託者の住所氏名が記載**されます（P104参照）。これが「信託」というしくみの大きなポイントの一つであるといえます。

似たような財産管理の機能を持つ「委任契約」や「管理委託契約」では、その契約に基づいて管理を担う者が登記簿に名前を記載することはできません。受託者の名前が記載されることにより、**受託者は、形式的な所有者**として様々なことができます。

例えば、固定資産税は、毎年1月1日現在の所有者宛てに4～6月頃に納税通知書が届くのですが、信託登記をした翌年には、受託者宛てに納税通知書が届きます。受託者は財産管理業務の一環として、固定資産税の納税義務を負います。

しかし、実際は親から預かった金銭からその支払いに充てればよいので、受託者が経済的な負担を負うことは通常はありません。

信託目録に必要な情報が明記され管理処分がスムーズ

登記簿の一部として「信託目録」が誰でも見られる情報として公開（公示）されます。

これにより、どんな目的で信託が組まれ、いつまで続くのか、受託者にはどんな権限が与えられているかなどが誰でも簡単に確認できます。そのため、この信託不動産にかかわろうとする買主や借主との取引の安全が図られます。

そして、信託契約書の中で、受託者が賃貸権限・売却権限等をきちんともらっておけば、受託者として肩書付きで**賃貸借契約の貸主として調印をしたり、売主として直接売却手続きを担ったりする**ことができます。

つまり、老親の体調や判断能力の低下に左右されない万全の賃貸経営や不動産の管理、修繕、売却、建て替え、購入等が実現できるのです。

不動産の信託登記手続きに必要な書類

信託財産に不動産を入れると、当該不動産の登記簿に管理を託された受託者の住所・氏名を掲載する登記手続きが必要になる。これを「信託登記」という。

委託者（親側）が用意すべきもの

❶土地・建物の登記済権利証または登記識別情報通知

❷印鑑証明書（発行後３カ月以内）

❸固定資産税評価証明書または名寄帳（当該年度のもの）
※登録免許税の算出のために必要となる書類で、固定資産税課税明細書で代用できるケースもある。

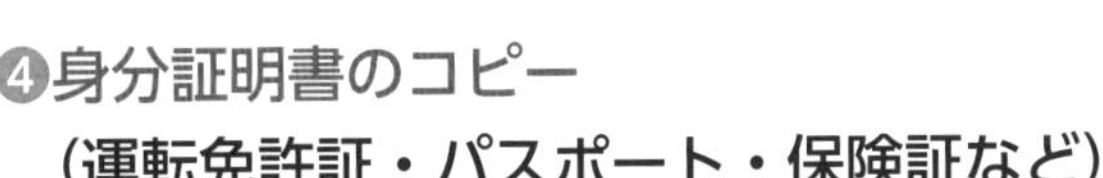

❹身分証明書のコピー
（運転免許証・パスポート・保険証など）

❺実印

受託者（子側）が用意すべきもの

❶住民票（有効期限なし）

❷身分証明書のコピー
（運転免許証・パスポート・保険証など）

❸認印

注意点

●委託者（所有者）の登記簿上の住所・氏名と、印鑑証明書に記載の住所・氏名が異なる場合
➡“信託登記”の前提として所有権登記名義人住所（氏名）変更登記が必要

❶住所が異なる場合
➡登記簿上の住所と印鑑証明書の住所（現住所）とのつながりがわかる住民票または戸籍附票を用意する

❷氏名が異なる場合
➡本籍地入りの住民票に加え、新姓に変更した旨の記載のある現在の戸籍謄本を用意する

信託不動産の登記簿の記載例

権利部（甲区）（所有権に関する事項）			
順位番号	登記の目的	受付年月日・受付番号	権利者その他の事項
1	所有権移転	平成2年12月1日 第●●●号	原因　平成2年12月1日売買 所有者　東京都杉並区××× 山田父郎
2	所有権移転	令和2年1月26日 第○○○号	原因　令和2年1月25日信託 受託者　東京都武蔵野市××× 山田子太郎
	信託	余白	信託目録第△△号

信託契約の概要が公示される。

財産の管理処分権限を持つ者として、形式的に所有者欄に記載される。

信 託 目 録		調製	余白
番号	受付年月日・受付番号	予　　備	
第△△号	令和2年1月26日 第○○○号	余白	
1.委託者に関する事項	東京都杉並区×××丁目･･･番･･･号 山田父郎		
2.受託者に関する事項	東京都武蔵野市×××丁目･･･番･･･号 山田子太郎		
3.受益者に関する事項	東京都杉並区×××丁目･･･番･･･号 山田父郎		
4.信託条項	①信託の目的 受益者の資産の適正な管理及び有効活用を目的とする。 ②信託財産の管理方法 1.受託者は、本件信託財産の保存及び管理運用に必要な処置、特に信託財産の維持・保全・修繕・改良・建物解体は、受託者が適当と認める方法、時期及び範囲において行う。 2.受託者は、本件信託不動産を第三者に賃貸することができる。 3.受託者は、裁量により本件信託不動産を換価処分することができる。 4.受託者は、本件信託の目的に照らして相当と認めるときは、本件信託不動産となる建物を建設することができる。 ③信託終了の事由 本件信託は、委託者兼受益者 山田父郎が死亡したときに終了する。 ④その他の信託の条項 1.本件信託の受益権は、受益者及び受託者の合意がない限り、譲渡、質入れその他担保設定等すること及び分割することはできない。 2.受益者が本件信託の受益権を譲渡、質入れその他担保設定等すること及び分割することは、受託者との合意が無い限りできないものとする。		

従来の所有者が記載される。

委託者＝受益者の場合、贈与税も不動産所得も課税されない。

何のためにこの信託が設定されているかが記載される。

受託者の権限を記載する。

この信託がいつまで継続するかが記載されている。オーナー（委託者兼受益者）が死亡しても信託契約が継続する設計も可能。

登記簿に受託者の名前が記載されることの効果・メリット

1 賃貸物件の場合

賃貸借契約の新規契約・更新・解除等の手続き、退去にともなう敷金の精算手続きは、親の名前の代筆ではなく受託者の名前で行える。

➡「山田父郎 信託受託者 山田子太郎 ㊞」というように、肩書付きで子太郎が契約の当事者として契約する。

2 信託不動産を売却する場合

受託者が形式的な所有者として直接の売主になることができる。

➡売却時には、受託者に対し交付された登記済権利証に相当する書面（登記識別情報通知）とともに、受託者個人の実印・印鑑証明書を使って売却する。

➡なお、売却時の換価代金は当然に信託財産（＝受益者の財産）となるので、受託者が管理する信託専用の口座に入れて受益者のための管理を継続することになる。

3 固定資産税の支払義務を受託者が負う

固定資産税納税通知書が受託者宛てに届く。

➡毎年４～６月頃に届く固定資産税納税通知書は、受託者宛てに振込用紙付きで届くようになるので、納税義務は管理を担う受託者が負うことになる（支払いの原資はもちろん受益者のお金）。

※従来、親の預貯金口座から固定資産税が引き落しされていた場合、信託登記をした翌年から口座引落はリセットされる。

信託登記をすることで、受託者は形式的な所有者として、信託不動産の管理や処分を行えるようになります。

信託契約の締結後にすべきこと

Point

信託契約公正証書を作成したからと安心しないで、その後、やるべきことを速やかに実行する。

ココをおさえる！

- ☑ 信託契約を交わしても実際に信託金銭を受託者に移動しなければ、預金が動かせなくなるリスクに注意
- ☑ 信託不動産から得られる賃料は受託者の管理口座へ
- ☑ 火災保険の保険金が不払いにならないように契約者変更の要否を損保会社に問い合わせる

受託者の管理下に置くためのアクションを忘れない

信託契約公正証書を作成するのがゴールではなく、むしろそこから受託者による財産管理、言い換えれば老親に対する長期のサポート体制が始まります。ここで気をつけるべきは、気を緩めないで、速やかに受託者としてのアクションを起こすことです。

まずは、信託契約書に記載された**信託金銭を移動**します。信託契約書に「現金金３００万円」と記載しても、親が元気なうちに自ら払戻しや振込みをして受託者の手元に移動させなければ、金３００万円が動かせなくなる可能性があります。

公証役場で信託契約公正証書を作成した後（同日または数日内が理想的）、速やかに金融機関にも立ち寄って、信託財産として契約書に定めた金銭を信託口口座または信託専用口座（以下、信託口口座等という）に移動しましょう。

次に、収益不動産を信託財産に入れた場合で、かつ管理会社に管理を委託していない場合（自主管理の場合）は、**各賃借人に対し、受託者が管理する信託口口座等に家賃の振込先を変えてもらう**ように通知を発送する必要があります。

なお、管理会社がいる場合は、管理会社から送金してもらう口座を変更するだけで済みます。

損害保険会社への問い合わせも忘れずに

火災保険や地震保険等の損害保険の対象となっている建物を信託財産に入れた場合は、建物の名義人が受託者に代わったことを保険会社に知らせずにおくことは好ましくありません。

ただ、損害保険の取扱いについては、受託者たる子に**契約者を変更する必要がある保険会社**と、実体として従来の所有者（親）の財産と変わらないので、**手続き不要とする保険会社**に対応が分かれるようです。

まずは保険会社または保険代理店に信託登記が完了した後の対象建物の登記事項証明書を提示して、**変更手続きの要否を問い合わせる**ことが重要です。

信託契約締結後に受託者がすべきこと

❶委託者と受託者が協力して信託金銭を「信託口口座等」に移動する
❷損保会社に信託財産たる建物の火災保険の変更手続きの要否を問い合わせる
❸信託財産に収益不動産を入れた場合は、賃借人または管理会社に対し、家賃の振込先変更通知を発送する
❹固定資産税や公共料金の引落口座を変えるかどうか検討する

振込先変更通知の例

家賃の振込先変更についてのお願い

ご入居者様各位

令和　年　月　日

（旧賃貸人）　山田父郎　㊞
（新賃貸人）
委託者 山田父郎 信託受託者
山田子太郎　㊞
TEL ××—××××—××××

拝啓 時下益々ご清栄のこととお慶び申し上げます。
平素は格別のご高配を賜り厚く御礼申し上げます。
さて、貴殿にご入居頂いております当物件のオーナー（旧賃貸人）が高齢でございますので、この度、家族信託の契約により、その賃貸管理権限を上記受託者（新賃貸人）に託すことになりました。つきましては、旧賃貸人の地位は受託者たる新賃貸人に承継され、貴殿と旧賃貸人との間の賃貸借契約の内容及び貴殿からお預かりしております敷金については新賃貸人が有効に引き継ぎさせて頂きました。
また、それに伴い、誠に勝手ながら令和●年●月分以降の家賃の振込先を下記の通り変更させて頂きます。ご入居者の皆様にはご迷惑をおかけ致しますが、何卒ご理解とご対応の程よろしくお願い申し上げます。
なお、本件に関するご質問やご不明な点、賃貸借契約に関するご連絡・ご要望等ございましたら、今後は、上記受託者宛にご連絡下さいませ。

敬具

記

金融機関名	
支店名	
口座種別	
口座番号	
（フリガナ）口座名義人	

信託変更時の実務

Point

信託契約の当事者に変更が生じた場合や契約内容を変更した場合には、様々な手続きが必要。

ココをおさえる！

☑受益者が変更になることは、実質的に信託財産の持ち主が変更となることを意味するので、変更となる原因により税務上の課税問題が生じる

☑受託者が変更になると不動産登記簿や信託口座の変更、賃借人への振込先変更通知などの手続きが必要になる

受益者が変わると信託財産の持ち主が変わる

法律上・税務上、受益者が信託財産の実質的持ち主となるので、受益者が変わると、財産の持ち主が変わる、つまり財産が別の者に移転することを意味します。そのため**受益者が変わる原因により課税の問題が生じます**（P133参照）。

実務上、受益者が生きているうちに受益者が交代するケースはまれで、相続により受益者が交代するケースがほとんどです。この場合、家族信託を実行しているかどうかは、相続税の課税に影響しません。

受託者が変わると様々な手続きが生じる

受託者が死亡した場合、**または受託者が辞任**をして自主的に後継の受託者に任務を引き継ぐ場合、**いくつかの手続きを想定**しなければなりません。信託不動産があれば、所有者欄に記載された受託者の住所氏名を新受託者に変える登記手続きをする必要があります（形式的な所有権移転という形をとる）。

また、**旧受託者が管理する金融機関の口座を、新受託者の口座に変更する**必要があります。一部の金融機関で対応している本来的な信託口口座であれば、その口座をスムーズに引き継ぐことが可能です。一方、受託者の個人口座（信託専用口座）を便宜上使用している場合は、交代する理由により手続きの煩雑さが異なります。特に受託者の死亡による交代は、その金融機関に対して通常の相続預金の解約払戻手続きを経なければ、預金を下ろせなくなるリスクがあります。受託者が倒れた場合に第二受託者が信託口座内の預金をスムーズに引き継ぐための備えは非常に重要です。

信託財産に収益不動産が含まれ、管理会社が入っていない場合は、**賃借人に対して新受託者の口座への振込先変更通知を送る**ことも忘れてはなりません。

信託契約は、将来のあらゆる事態を想定してあらかじめ権限を与えておくので、将来的に信託契約を変更する可能性は低いですが、**想定外の事態が起きれば、契約内容を変更できるようにする**ことも大切です。

信託契約変更のポイント

信託契約書に契約内容の変更に関する条項を置くか？

定めなし

信託法第149条の規定に従う（下記の表を参照）

あえて定めを置く場合の典型的パターン

❶受益者と受託者の合意で変更できる旨
信託法の原則と実質的に同じだが、受益者の判断能力低下・喪失で変更ができなくなるリスクあり

❷受益者と受託者と信託監督人の合意で変更できる旨
受益者の判断能力低下・喪失で変更ができなくなるリスクあり

❸「受益者代理人」を設置する場合
上記❶❷のケースで「受益者」を「受益者代理人」に読み替えられるので、受益者代理人と受託者の合意で変更できる

❹受託者と信託監督人の合意で変更できる旨
受益者の判断能力低下に左右されないが、受益者本人が関与せずに変更できてしまうので、信託監督人に客観的な第三者を置いて受益者の権利を守るかどうかを検討する

信託契約の変更のまとめ

区　分	変更当事者			方　法	変更内容の通知等
	委託者	受託者	受益者		
❶原則	○	○	○	合意	合意において変更後の内容を明らかにする
❷信託の目的に反しないことが明らかなもの	—	○	○	合意	受託者は委託者に対し、遅滞なく、変更後の内容を通知する
(a)かつ、受益者の利益に適合することが明らかなもの	—	○	—	書面または電磁的記録によってする意思表示	受託者は、委託者および受益者に対し、遅滞なく、変更後の内容を通知する
(b)かつ、受託者の利益を害しないことが明らかなもの	—	—	○	受託者に対する意思表示	受託者は、委託者に対し、遅滞なく、変更後の内容を通知する
❸受託者の利益を害しないことが明らかなもの	○	—	○	受託者に対する意思表示	—
❹信託行為に別段の定めがあるもの	信託契約の定めによる				

信託の終わらせ方と信託終了時の実務

Point

いつ信託契約を終わらせるかという検討は、信託設計の根幹部分としてとても重要。

ココをおさえる!

☑ いつまで信託を継続させ、最終的に誰にどのように財産を渡すかにより信託の設計自体が変わってくる

☑ 何十年も続くかもしれない信託契約の終了時の実務についても、家族全体でも大まかに理解しておくことは重要

信託の設計には、大きく2類型に分かれる

信託の設計には2つの典型的な終わらせ方に大きくかかわります。また、税務上の取扱いや清算手続きにも違いが出てきます。

最もシンプルなのは、例えば父親の保有財産を信託契約で父親が亡くなるまで管理・処分を担う形です。**父親死亡により信託契約は終了**し、その時点で残っていた信託財産（＝信託の残余財産）については、信託契約書の中で引き継ぐ者を指定できます。その発展形として、父親の死亡では信託を終了させず、父親の死後は、その財産を引き継ぐ母親のために財産管理を継続する形があります。**両親の死亡により信託が終了**し、残余財産を分配します。このように誰か一人または複数の者の死亡により信託が終了する設計を**死亡終了型**といいます。

もう一つの形態は、信託契約を無期限に存続させつつ、**受益者と受託者が合意により終了させる**形です。例えば、両親が亡くなっても信託を終了させず、子や孫が信託財産を引き継いだ後で、好きなタイミングで終了させます。これを**合意終了型**、**無期限型**と呼びます。

まず自分の家族・親族に当てはまる要素があるかを確認

2類型のどちらであっても信託終了時の手続きは、信託に関する債権債務を整理（未収の家賃回収や未払い費用の支払い等）し、最終的に残ったプラスの残余財産を指定された引継ぎ手（残余財産の帰属権利者という）に渡すところは共通しています。

この作業は、清算受託者が行いますが、実務上は従来の受託者がそのまま継続して清算受託者になるケースがほとんどです。

清算受託者は、信託不動産については、帰属権利者を所有者とするための登記手続きをし、信託金銭については、帰属権利者に対して分配送金します。ここで気をつけるべきは、清算受託者は、原則として**一切の債務・諸費用の支払いを済ませた後でなければ、帰属権利者に引渡しをしてはならない**ということです。

信託設計の２つのパターン

1 死亡終了型（例：父の死亡、父および母の死亡）

残余財産の帰属権利者に関する条項

➡長男Aに帰属させる。長男Aが信託終了前に死亡していた場合は当該死亡者の直系卑属たる法定相続人に帰属させる

POINT 残余財産の帰属先の条項は、遺言の機能を持つので常に予備的な帰属権利者も想定して記載すべき。

2 合意終了型（例：受益者および受託者の合意）

残余財産の帰属権利者に関する条項

➡信託終了時の受益者に帰属させる

POINT 受益者が生きているときに、任意のタイミングで終了させるので残余財産の帰属先の条項はシンプル。その分、受益者の条項において、第二受益者、第三受益者まで想定しておく必要が出てくる。

信託法に定められた清算受託者の職務

（清算受託者の職務）

第177条　信託が終了した時以後の受託者（以下「清算受託者」という。）は、次に掲げる職務を行う。

1　現務の結了
2　信託財産に属する債権の取立て及び信託債権に係る債務の弁済
3　受益債権（残余財産の給付を内容とするものを除く。）に係る債務の弁済
4　残余財産の給付

（債務の弁済前における残余財産の給付の制限）

第181条　清算受託者は、第177条第2号及び第3号の債務を弁済した後でなければ、信託財産に属する財産を次条第二項に規定する残余財産受益者等に給付することができない。ただし、当該債務についてその弁済をするために必要と認められる財産を留保した場合は、この限りでない。

ローン付き不動産を信託財産に入れる実務

Point

ローン付き不動産を信託財産に入れる際には、債権者たる金融機関の事前の承諾が原則必要となる。

ココをおさえる!

- ☑ 金融機関の承諾をもらうのは手間と時間がかかる場合も多く、早めの相談がお勧め
- ☑ 家族信託実行後も従来の親のローン返済口座を継続利用するケースが多いが、受託者が債務引受契約を交わし、受託者名義の信託口座から直接引落返済する形態が理想

金融機関の承諾を得られるかが重要なポイント

アパートローンに関する抵当権等が付いている収益不動産を信託財産に入れて、受託者たる子に今から賃貸経営を託したいと考える人は少なくありません。当該アパートを信託財産に入れる場合、抵当権等が付いた状態のまま、信託を原因とする所有権移転および信託の登記をすることになります。この信託登記は、債権者たる金融機関の承諾がなくても、手続き上は可能です。

しかし、金銭消費貸借契約・抵当権設定契約上は、金融機関の承諾なく勝手に登記名義人を変えてはならないという規定が必ずありますので、**事前の承諾なく信託契約を締結し、信託登記を実行することは、契約違反**となってしまいます。

したがって、借入金融機関に対しては、信託契約を締結する前に、家族構成や信託財産の概要、家族信託の設計・趣旨・法的効果等を情報提供し、承諾を得られるように相談することが重要です。できれば家族信託の設計にかかわっている法律専門職を交えて金融機関側に説明する機会を設けたいところです。**金融機関側での検討・正式回答に1カ月以上かかるケースも多い**ので、なるべく早い段階での相談開始がお勧めです。

金融機関の承諾にも様々な形態がある

近年は、金融業界にも家族信託への社会的ニーズ・しくみへの理解が広まり、金融機関の承諾を得られるケースが増えてきました。この承諾は、書面を交付して対応してくれるケース、書面としては出せないが口頭で承諾を表明してくれるケース、明確に「承諾する」とは言えないが異議を唱えないで実質的に「黙認する」ケースなど様々ですが、できる限り**承諾書で対応してもらい、形に残す**ことを目指しましょう。

なお、金融機関側の承諾が得られない場合もあるので、そのような事態に備えて、どういう対応をすべきかを法律専門職を交えて話し合うことが重要です。家族信託の実務に精通した法律専門職に相談をするのは、とても大切なことです。

金融機関から事前に承諾をもらうための説明ポイント

1 金融機関にとって、メリットしかないことを伝える

- 老親（不動産所有者兼債務者）の資産凍結リスク回避が目的であり、あらかじめ後継者たる子が対応窓口になることは、手続き上も安心
- 老親に代わり、子が賃貸管理を担うことで賃貸経営の安定性・永続性が増す

- 家族会議を開催し、推定相続人全員が納得して家族信託の設計をしているので、金融機関が争族に巻き込まれずに済む

2 さらに、受託者となる子・老親・金融機関の３者で債務引受契約を締結すれば、下記のメリットも加わることを伝える

- 借入れに関しては、実質的に子が連帯債務者になるという法定効果があるので、債権者にとっても好都合
- （根(ね)）抵当権の債務者等の変更登記をするので、法的安定性があり、かつわかりやすい

金融機関によって承諾時の対応は異なります。ただし、書面（承諾書）でもらえるのがベストです。粘り強く交渉してみましょう。

受託者借入の実務

Point

受託者は信託契約で託された権限に基づき、信託財産の修繕や取得のために融資を受けることができる。

☑受託者がその権限に基づいて借り入れた金銭は当然に信託財産となり、その資金で建てた建物や購入した財産も当然に信託財産となる

☑受託者が借り入れた債務は実質的には受益者の債務であり、受益者の死亡時に相続税の債務控除の対象になる

信託契約に借入権限を託されていることが前提

受託者は、信託契約書の中で与えられた権限に基づき、信託不動産の大規模修繕、建て替えだけではなく、新たな建物の建設や購入をすることができます。

さらに、受託者に借入権限や担保設定権限などが与えられていれば、受託者が管理している信託金融資産だけでこれらにともない発生する費用がまかなえない場合、**受託者が信託財産のために融資を受けることができます**。この受託者に対する融資を一般的には「受託者借入」や「信託内融資」といいます。

受託者が融資を受ける場合、金融機関に対する融資申込や金銭消費貸借契約、担保設定に関する契約などへの調印手続きもすべて受託者が行うことになります（金融機関によって取扱いが異なるが、法律的には受益者が契約書に押印する必要はない）。また、契約書などに押印する印鑑は、受託者個人の実印となりますが、契約書の氏名欄には、必ず「委託者△△ 信託受託者 ○○」という、**肩書付きでの署名が必要**です。貸す側も借りる側も信託財産のための融資であることの理解と認識が不可欠ですので、すべての書面において受託者としての契約であることを明記することが重要です。

受託者が融資を受けた金銭は、当然に信託金銭となりますので、既に受託者の手元にある信託金銭と合わせて信託財産となる不動産を建設や購入した場合、その不動産も当然に信託不動産になります（不動産に限らず、信託金銭で購入した株式・国債等の有価証券、動産類等も当然に信託財産になる）。

受託者が借りた債務は実質的に受益者の債務

前述の通り、受託者が借り入れた金銭も信託金銭であり、信託金銭で建設・購入した財産も信託財産となります。

その結果として、信託財産を維持・形成するために**託された権限に基づき受託者が借りた債務**は、受益者が将来死亡した際の相続税の申告におけるプラスの財産から引ける（債務控除できる）ものになります。

受託者借入の注意点と法律

受託者借入を想定する場合の契約書上の注意点

- 信託契約書の中で受託者の権限として、「借入権限」「担保の設定・変更・抹消に関する権限」が記載され、明確に権限が付与されていること
- 受託者に対する融資であることが金銭消費貸借契約上明確であること

❶債務者の表示は、「(住所) 山田父郎 信託受託者 山田子太郎 」という肩書付きで表記する

❷署名押印欄にも、「(住所) 山田父郎 信託受託者 山田子太郎 ㊞」という肩書付きで署名押印する(押印する印鑑は受託者個人の実印)

❸信託法第 21 条第 1 項第 5 項に基づき、「信託財産責任負担債務」として受託者が無限責任を負うことを明記するとさらに好ましい

信託法

(信託財産責任負担債務の範囲)

第 21 条　次に掲げる権利に係る債務は、信託財産責任負担債務となる。

一　受益債権

二　信託財産に属する財産について信託前の原因によって生じた権利

三　信託前に生じた委託者に対する債権であって、当該債権に係る債務を信託財産責任負担債務とする旨の信託行為の定めがあるもの

四　第百三条第一項又は第二項の規定による受益権取得請求権

五　信託財産のためにした行為であって受託者の権限に属するものによって生じた権利

受託者が融資を受ける場合、貸す側(金融機関)も借りる側(受託者)も、信託財産の維持・形成のための融資であることを理解・認識していることが不可欠です。

受託者による暦年贈与（実務における注意点①）

Point

信託財産を誰の何のために使ってほしいか、あらかじめ家族全体で共通認識をしておくことが大切。

ココをおさえる！

- ☑ 受益者に代わって受託者が暦年贈与することは不可
- ☑ 受託者は受益者本人または受益者の扶養家族に対してのみ生活費等の支払いをすることができる
- ☑ 受益者の判断能力が著しく低下すれば、信託財産たる金銭も信託受益権も贈与することは不可

家族信託なら親が認知症でも子や孫に暦年贈与できるか？

信託のしくみを活用することにより、親が判断能力喪失後も、受託者が親本人に代わって暦年贈与を実行できるかという問題があります。

結論としては、親が元気なときに暦年贈与の実行を受託者にお願いしていたとしても、受託者が贈与契約の当事者（贈与者）として、**親から預かった信託財産を子や孫等に贈与することはできません**。もし受託者が贈与を実行して親の資産たる信託財産を減らせば、後に利害関係人や税務当局から贈与を否認されたり、受益者に対する忠実義務違反としての責任追及をされる可能性があります。

家族信託の実行後に親が贈与をするには、受託者に預けている金銭を受益者たる親の手元にいったん戻し、それを親自らの意思で子や孫に贈与するという工程が必要です。したがって、もし本人が贈与の理解ができない場合、贈与契約という法律行為はできなくなります。また、信託受益権という信託財産に対する権利を贈与することも、受益権を持つ親が判断能力を喪失すればできません。

つまり、信託財産の中の金銭の贈与も信託受益権自体の贈与も、財産の処分行為になるので、**本人の判断能力がなければ有効な贈与ができません**。

受託者から受益者の扶養家族への財産給付は可能

受託者が受益者以外の者に財産給付できる唯一の例外は、**扶養義務に基づく給付**です。受託者は、使途を定めずに財産を給付する贈与はできませんが、受益者の扶養家族（受益者の配偶者や子など）のために**生活費等の実費分として定期的に財産給付する**ことは、法律上も税務上も問題ありません。

なお、親の判断能力喪失後も引き続き子や孫などに財産を渡し続けたいというニーズに対しては、信託法第89条を根拠とした受益者変更権の行使による〝みなし贈与〟という方法があります。これは高度な手段なので、詳細は家族信託に精通した法律専門職や税理士に相談したほうがいいでしょう。

親の判断能力喪失後の暦年贈与の可否

家族信託において、受益者たる親が意思判断能力を喪失してしまった場合

認知症になっても暦年贈与は続けてほしい

たとえ親が元気なときに「暦年贈与は自分が認知症になっても続けてほしい」と希望していた場合でも…

受託者が信託財産たる金銭や不動産を子や孫に贈与

不　可

判断能力のない受益者が信託受益権を子や孫に贈与

不　可

信託法第30条に定める忠実義務

第30条　受託者は、受益者のため忠実に信託事務の処理その他の行為をしなければならない。

受託者が贈与を実行して親の資産である信託財産を減らせば、忠実義務違反を問われて責任を追及される恐れがあります。

予備の受託者の想定（実務における注意点②）

Point

受託者が不在となっても困らないように予備の受託者をあらかじめ決めておくことが大切。

ココをおさえる！

- ☑ 親よりも受託者が先に亡くなるリスクを想定すべき
- ☑ 受託者が不在のままで１年が経過すると、信託契約は強制的に終了する
- ☑ 信託契約書で予備的受託者を指定しておくか、新たな受託者を選ぶやり方を規定しておくことが大切

受託者たる子が親より先に亡くなるリスクを想定する

片親または両親を看取るまで、子が受託者として財産管理と生活サポートを担うケースが典型的な家族信託の形ですが、信託の期間は、親の長寿のおかげで20～30年以上続くケースも十分に考えられます。そうなると**信託の契約期間中に、受託者自身も大病をする、最悪の場合は病気・事故等で死亡する**という事態も想定しておかなければなりません。

もし受託者の死亡等で財産管理の担い手がいなくなると、信託契約に特段の定めがなければ、「委託者および受益者」が（家族信託の実務上は委託者兼受益者なので実質的には受益者が単独で）新たな受託者を選ぶ必要があります（信託法第62条第1項）。

しかし、受益者たる老親が新たな受託者を選べるような健康状態でないことも多分に想定されますので、もし**受託者が不在のまま1年が経過すると、信託契約は強制的に終了**してしまいます（信託法第１６３条第３号）。

家族会議で予備的受託者も検討して信託契約書に明記

そこで、当初の受託者が死亡または健康上・仕事上の理由で受託者を交代せざるを得ない場合に備え、**控えの受託者（予備的受託者）をあらかじめ家族会議の中で決めておき、信託契約書に記載しておく**ことをお勧めします。予備的受託者は、第二受託者のみならず、第三、第四の受託者まで規定しておくケースもあります。

当初の受託者のみが信託契約の当事者になり、予備的受託者は受託者を交代するときに就任を承諾して初めて受託者の地位につきます。したがって、いざというときにスムーズに受託者の地位を引き継げるように、信託契約締結前の家族会議で予備的受託者への自覚を促す話し合いをしておくことが好ましいです。

なお、予備的受託者の代わりに、**新たな受託者を選任する方法を信託契約書に規定する**（例えば、「受託者が不在となった場合は、信託監督人が新たな受託者を選任する」）という選択肢もあります。

予備的受託者で受託者の死亡リスクに備える

親の長寿のおかげで、信託期間は 20 ～ 30 年に及ぶケースも少なくない

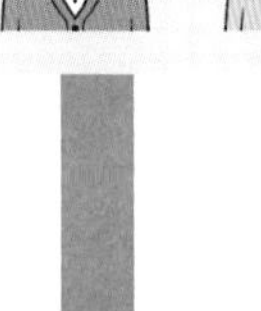

受託者に起こりうるリスク

- 大病をする
- 交通事故等にあう
- 死亡する
- 海外赴任等で受託者業務を継続できない

対策1

信託契約書に「第二受託者」「第三受託者」を指定しておく

長男を当初の受託者とした場合、第二受託者を二男等の他の兄弟とするか、長男の妻とするかなど、あらかじめ家族会議で決めておく

対策2

信託契約書に新たな受託者（後継受託者）の選任方法を規定しておく

今のうちから後継受託者を決めておくことが難しい場合、受託者が交代する将来の時点で後継受託者の適任者を「信託監督人」等が選任できるような規定を置いておく

受託者の任務終了事由

第 56 条　受託者の任務は、信託の清算が結了した場合のほか、次に掲げる事由によって終了する。ただし、第二号又は第三号に掲げる事由による場合にあっては、信託行為に別段の定めがあるときは、その定めるところによる。

一　受託者である個人の死亡
二　受託者である個人が後見開始又は保佐開始の審判を受けたこと
三　受託者（破産手続開始の決定により解散するものを除く。）が破産手続開始の決定を受けたこと
四　受託者である法人が合併以外の理由により解散したこと
五　次条の規定による受託者の辞任
六　第 58 条の規定による受託者の解任
七　信託行為において定めた事由

信託終了の登記手続き（実務における注意点③）

Point

信託終了時の登記手続きは、設計や契約書の条項次第で登録免許税率が変わることに注意。

ココをおさえる!

- ☑ 受益者の死亡で信託が終了する場合、委託者の法定相続人に残余財産を渡すかどうかで登録免許税の税率が変わる
- ☑ 信託終了後に残った不動産をどうするかにより、契約書に盛り込む権限も変わる

信託終了にともなう登記の登録免許税の税率は2通り

信託終了時に信託不動産がある場合、信託契約書で指定された当該不動産の帰属権利者を所有者とする登記手続きをすることになります。この場合、信託の設計や契約書の条項次第で適用される**登録免許税の税率が異なります**。

例えば、父親を委託者、長男を受託者として父親所有の不動産等を託したとします。父親の死亡により信託が終了する設計（これを〝一代限りの信託〟と呼ぶ）とすると、残余財産の帰属を父親の法定相続人に指定した場合は、**相続登記に準じて登録免許税率は0.4%**となります（登録免許税法第7条第2項：左ページ参照）。**父親の法定相続人ではない孫などを指定した場合は、原則の税率である2%が適用**されます。

次に、受益者連続型信託をみてみましょう。左ページのように父親から母親、長男と受益権が3段階に移転し、最終的に父親・母親・長男の3人の受益者の死亡により信託が終了する設計にしたとします。残余財産の帰属権利者と指定された長女は、委託者たる父親の法定相続人ですので、信託終了にともなう登記の登録免許税率は0.4%となります（もし「長女婿」に指定する場合は2%）。

ただし、追加の条件として、「委託者の地位」が受益者の地位と共に移転する旨を信託契約書に盛り込んでおく必要があります（平成29年6月22日東京国税局審理課長回答）。

両親亡き後に実家を売却する際のテクニック

両親を看取った後は、信託不動産たる実家の引継ぎ手がいないので、信託を終了させたうえで売却して複数の子で分配しようという設計も多いです。

しかし、登記簿上は受託者の名前が記載されているので、わざわざこれを信託終了にともなう登記で複数の子名義にしてから売却しなくても、そのまま受託者が売却することが可能です。ただし、この場合は、信託契約書の中で、信託終了後に**清算受託者が不動産を売却できる旨の権限を与えておく**ことが必要です。

受益者連続型信託と登録免許税

●受益者連続型信託の流れ

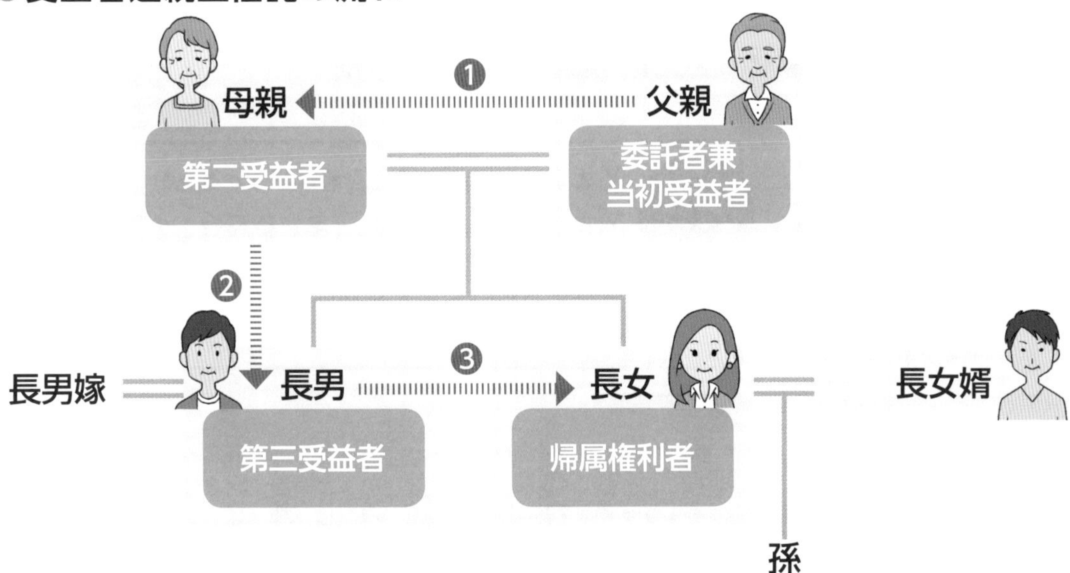

「委託者の地位」に関する信託契約書の記載例

○ **登録免許税の観点から好ましい条項**

●一代限りの信託の場合

➡委託者の地位は相続により承継せず、残余財産の帰属権利者のみに帰属する（承継される）

●受益者連続型の場合

➡委託者の地位は相続により承継せず、受益者の地位とともに移転する

× **登録免許税の観点からお勧めできない条項**

➡委託者の地位は委託者の死亡により消滅し、承継しない

登録免許税法

第７条（信託財産の登記等の課税の特例）

２　信託の信託財産を受託者から受益者に移す場合であつて、かつ、当該信託の効力が生じた時から引き続き委託者のみが信託財産の元本の受益者である場合において、当該受益者が当該信託の効力が生じた時における委託者の相続人（当該委託者が合併により消滅した場合にあつては、当該合併後存続する法人又は当該合併により設立された法人）であるときは、当該信託による財産権の移転の登記又は登録を相続（当該受益者が当該存続する法人又は当該設立された法人である場合にあつては、合併）による財産権の移転の登記又は登録とみなして、この法律の規定を適用する。

農地の信託（実務における注意点④）

Point

「農地は信託できない」のではなく、農地法の手続きを条件に信託財産化できることを理解する。

ココをおさえる！

- ☑ まず、市街化区域の農地かどうかを見分ける
- ☑ 市街化区域の農地は、農業委員会への届出で対応可能
- ☑ 条件付信託契約が発動しない場合に備え、遺言も併用することが大切

農地を信託財産に入れるには農業委員会の手続きが必要

農地は、「農地法」という法律で規制されており、所管の農業委員会の許可または届出手続きを経なければ、農地を信託財産に入れることはできません。

農地は、原則として所有者が農業従事者として耕作するか、小作人に耕作させるかの二択であり、農業従事者でない子に信託で財産管理を託すという概念は成り立ちません。農地法上も、農地を信託することは、**農業協同組合等が引き受ける場合を除き原則禁止**されています（農地法第3条第2項第3号）。

しかし、農地についても他の不動産と同様、将来的に宅地に転用したり、売却する際に、高齢の所有者が認知症などで自ら手続きができなくなる事態に備えたいというニーズは高いのです。そのため、農地も他の財産と同様に家族信託の信託財産に入れることも検討すべきです。

ただし、この場合、農地についての部分だけ、**農業委員会の許可または届出手続きを経て初めて法的効力が発生**するという条件付信託契約として扱われます。

条件付信託契約で将来の認知症リスクに備える

農業委員会の手続きを条件とする条件付信託契約については、**市街化区域と市街化調整区域では、農業委員会の手続きが異なります**。市街化区域は農業委員会に届出さえすれば条件が成就できるので、委託者と受託者の連名で農地法第5条の届出（転用目的権利移転）をすることで信託登記が可能となります。

一方、農地を積極的に守っていくべき市街化調整区域においては、農業委員会の許可が必要ですので、**許可を得て非農地化や売却ができるかがポイント**です。

なお、委託者が生前に農業委員会への手続きをしなければ、農地についてだけ信託契約の効力が及ばないので、当然、農地の承継者を指定した信託契約の遺言代用条項も法的効力は生じません。

したがって実務上は、信託契約が発効しない場合に備えて、**遺言書を併用し、2段構えで承継者指定をする**ことを推奨しています。

市街化区域と市街化調整区域の信託手続き

●市街化区域（農地を積極的に宅地化しようというエリア）

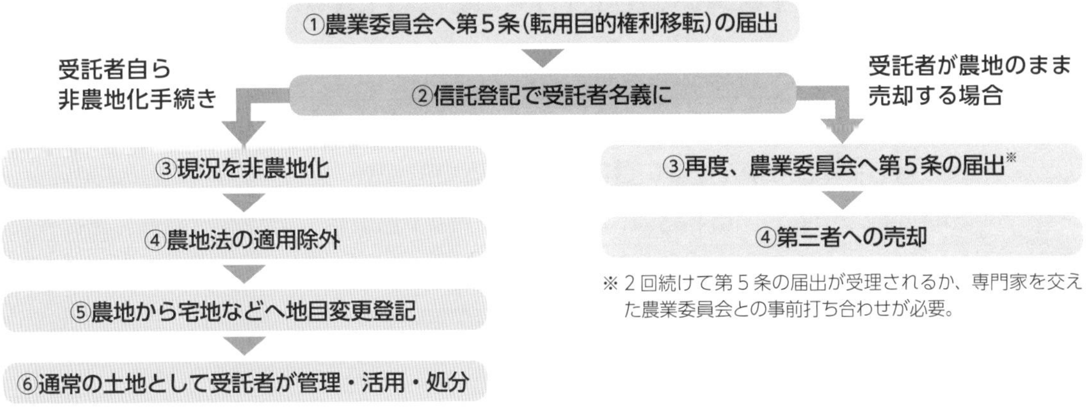

①農業委員会へ第5条（転用目的権利移転）の届出
↓
②信託登記で受託者名義に

受託者自ら非農地化手続き
③現況を非農地化
↓
④農地法の適用除外
↓
⑤農地から宅地などへ地目変更登記
↓
⑥通常の土地として受託者が管理・活用・処分

受託者が農地のまま売却する場合
③再度、農業委員会へ第5条の届出※
↓
④第三者への売却

※2回続けて第5条の届出が受理されるか、専門家を交えた農業委員会との事前打ち合わせが必要。

●市街化調整区域（農地を維持しようというエリアで農業委員会の許可を得なければ、開発も所有権移転もできない）

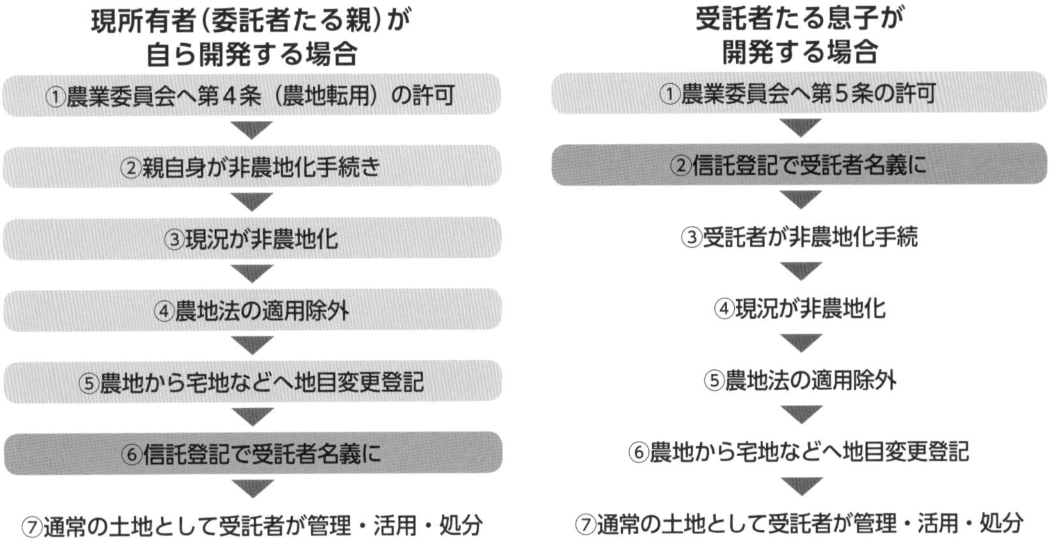

現所有者（委託者たる親）が自ら開発する場合

①農業委員会へ第4条（農地転用）の許可
↓
②親自身が非農地化手続き
↓
③現況が非農地化
↓
④農地法の適用除外
↓
⑤農地から宅地などへ地目変更登記
↓
⑥信託登記で受託者名義に
↓
⑦通常の土地として受託者が管理・活用・処分

受託者たる息子が開発する場合

①農業委員会へ第5条の許可
↓
②信託登記で受託者名義に
↓
③受託者が非農地化手続
↓
④現況が非農地化
↓
⑤農地法の適用除外
↓
⑥農地から宅地などへ地目変更登記
↓
⑦通常の土地として受託者が管理・活用・処分

※一般的に「農地」とは、登記簿上の地目が「田」「畑」となっているものをいうが、登記簿上の地目が田や畑でなくても、現況が農地であれば、農地法の適用を受ける農地となる。また、現在は何も栽培していなくても（休耕地）、客観的に見ていつでも耕作できるような状態ならば農地として扱われる。反対に、登記簿上の地目が田や畑であっても、現況が農地でなければ農地として扱われないこともある（現況主義）。

農地に関する信託契約の効力発生時期

	農地（田・畑）	農地以外
市街化区域	農業委員会への届出により効力発生	契約時に効力発生
市街化調整区域	農業委員会の許可により効力発生	

※農地を維持しようとするエリアである「市街化調整区域」では農業委員会の許可を得て初めて所有権移転の効力が発生する。一方、農地を宅地に開発することを促進するエリアである「市街化区域」では、農業委員会への届出により所有権移転の効力が発生する。

遺言様式の緩和と遺言書保管制度

手書きの遺言（「自筆証書遺言」という）には、民法で厳格な様式が指定されています。大雑把にいうと、①全文を自分で手書き、②作成日付を明記、③遺言者の署名押印、を満たさない遺言書は無効とされます。近年、法律改正によりこの様式について一部緩和され、2019年1月13日以降に作成される遺言書は、すべて手書きでなくてもよくなりました。具体的には、**財産目録の部分については、パソコンで作成したり、不動産登記事項証明書や預金通帳のコピーを添付したりしてもよい**ことになりました。この改正は、手書きの遺言書を作成する負担を減らし、また遺言の記載内容の不備・誤記により遺言が無効となるのを防ぐ狙いがあります。

また、**2020年7月10日からは、自筆証書遺言の保管制度が新たに始まりました**。この制度は、遺言者本人が法務局に出頭し、遺言の保管申請をします。提出された自筆証書遺言は、法律上の要件を形式的に満たしているか確認され、原本を保管したうえで画像データとして記録されます。厳格な本人確認が求められるので、代理人による申請は認められません。

遺言書保管制度の主なメリットは下記の5つです。

①自筆証書遺言でありながら家庭裁判所の「検認」手続きが不要となる

②遺言書を紛失・消失したり、相続人等が遺言書を発見できない事態を回避できる

③遺言書が生前に発見され、遺言内容が相続人などに知られてしまうリスクを回避できる

④公正証書遺言よりも安価な費用（1件につき金3,900円）で遺言書の偽造・変造・破棄・隠匿のリスクを回避できる

⑤遺言書の遺言時において、遺言書が法務省令に定める様式に則っているかどうかを確認するので、様式不備によって、遺言が形式的に無効となることを回避できる

円満円滑な資産承継を実現するために、遺言者の最終意思は、法律の専門家に相談しながら遺言公正証書にして残しておくことをお勧めします。とはいえ、この先定期的に遺言内容を見直し、内容を変更する可能性がある人にとっては、コストをあまりかけずに気軽に作成できるこの制度は、使ってみる価値のあるものだと思います。

第4章

家族信託の税務

信託の税務は難しく考えてなくても大丈夫です
家族信託を実行しても今まで通り道男さんの賃料収入として確定申告をしていただきますので
税務的に大きく変わるところはそんなにありません
税務的に不明な点もなくなってこれでようやくわが家の家族信託の形がみえてきたな

本日は
税務について
教えていただくため
斉藤先生にお越し
いただきました
初めまして
税理士の斉藤です！

信託の税務は難しく
考えてなくても
大丈夫です
家族信託を
実行しても
今まで通り
道男さんの賃料収入
として確定申告を
していただきますので
税務的に大きく
変わるところは
そんなにありません
信託財産となる
不動産は
俺の名義が入るって
聞いたけど

そうですね
ご自宅もアパートも
信託財産に
入れますので
その登記簿に管理者
となる亮介さんの
名前を記載する手続き
いわゆる
〝信託登記〟が必要です

亮介さんがシステム上「形式的な所有者」として扱われるので
信託契約をした翌年から固定資産税は受託者亮介さん宛に課税通知が送られてきます
そうそう
ええっ!?
俺が固定資産税払うの!?

ついでに言うと
亮介さんが実際に
不動産を持つ
わけではないので
不動産取得税も
かかりません
つまり
信託登記の
登録免許税以外
税務的な負担は
原則生じません
そりゃありがたい
ところで
信託登記では
何が登記簿に
記載されるんですか？

管理を担う受託者の
住所・氏名はもちろんですが
誰が信託財産の
実質的な持ち主かという
「受益者」の住所・氏名も
記載されます
また受託者が
どんな権限を
託されているか
信託契約はいつまで
続くかといった情報が
誰でも見られる
情報として登記簿に
記載されます

今後は
道男さんの健康状態等に
左右されずに
亮介さんが不動産を
管理したり
必要であれば売却する
ことも滞りなく
できるんです
もしも
親父が認知症になって
いろいろ判断できなく
なっても
俺が親父の代わりに
判断して
実行できるんですね

いいえ
違います

今回の信託設計では
財産の持ち主となる
受益者を3段階に
定めています

財産の持ち主（受益者）

❶ 道男 ← ❷ あけみ ← ❸ 次郎

まず一生涯
道男さんの財産として
管理を継続します
道男さんが亡くなったら

その財産は
あけみさんのものとして
亮介さんに管理を
続けてもらいます
あけみさんが亡くなったら

次は次郎さんの
ために管理されます
その都度
委託者・受益者の
変更登記は
必要になりますが

受託者・亮介さんによる
管理はまったく
影響を受けることなく
継続することになるんです

そういうこと

ホホーウ

もう一つの財産であるアパートについてはどうしたらいいんですか？

こちらもご自宅と同じように信託登記が必要です
アパートの登記簿に受託者の名前を載せるんだな

そうです
ところでアパートの家賃は道男さんの銀行口座に直接振り込んでもらっていますか？
それとも管理会社に家賃の管理を任せているのですか？
家賃はアパートの借主から俺の口座に振り込んでもらっているんだ

それなら受託者が管理する信託専用の口座をつくって
賃借人さんにはその口座に振込先の変更をお願いする通知を出さなくてはいけませんね
家賃管理専用の口座を開くのね

普段使っている口座にお金が入ってきたらお兄ちゃんが使い込んじゃうかもしれないものね
ムグググ
なにを！
亮介さんと道男さんの財産を明確に分けて管理することが大切です
確定申告も今まで通り道男さんの家賃収入として申告します
将来もしもご両親や次郎さんが施設に入って自宅が空き家になってしまう可能性も考えておきましょう

そうですね俺たちは家があるからこの家は誰も住まなくなってしまうな……
それならここを売って両親や次郎の施設での生活資金にしたほうがいいかも
道男さんの相続時は所有権財産と信託不動産の税務評価は変わりません
小規模宅地の評価減等の恩恵を受けることもできます
家族信託をしても税金の面で不利になることはないんですね

税務的に不明な点もなくなってこれでようやくわが家の家族信託の形がみえてきたな

信託開始時から信託終了時までの税務

Point

家族信託の税務は、実はシンプルで難しく考える必要はない。

ココをおさえる！

- ☑家族信託の開始時は、「自益信託」にする限り税務の問題は生じない
- ☑信託期間中は受益者が変更となったときに、その原因により相続税または贈与税の課税が生じる
- ☑信託終了時には、信託の設計に応じて相続税等の課税関係が生じる可能性がある

家族信託の開始時は原則、課税関係は生じない

家族信託を開始するとき、これまでの「所有者」（＝委託者＝親）がそのまま「受益者」になる場合（この**「委託者＝受益者」の形態を「自益信託」**という）、実体として財産は親から移ってはいないので、税務上の課税は生じません。

一方で、「委託者≠受益者」という形態も理論上あります。これを「他益信託」といいます。例えば、父親が委託者として長男と信託契約を締結しますが、受益者を母親とするケースです。この場合、母親は対価をともなわずに、父親から信託契約を締結すると同時に、実体として信託財産を取得したことになるので、贈与税の課税対象になります。

実務上は、贈与税課税を避けるためにほとんどのケースが「自益信託」でスタートさせますので、**信託開始時に課税の問題が生じることはありません。**

家族信託の税務は、実はシンプル

家族信託における税務は、「受益者等課税信託」といって、信託における受益者が「受益権」という財産を持っているとして、受益権が移動したとき（受益者が変更したとき）に課税するという原則があります。つまり、**受益権という財産の移動さえなければ、税務上の課税関係は生じることはありません。**

信託契約期間中、受益権移動（＝受益者交代）の原因が「相続（＝受益者の死亡）」であれば相続税、「受益者の死亡にともなわない受益権の移動（受益者の変更）」につき対価がなければ贈与税の課税対象です。

「受益者の死亡」を原因に信託が終了した場合、残余財産の帰属権利者（最終的な財産の承継者）が死亡を原因に所有権財産を取得したことになりますので、相続税の課税対象になります。一方、受益者と受託者の合意により終了する場合、信託終了時の受益者に残余財産を帰属させる（最終的に財産を承継させる）のが一般的です。既に受益権（信託財産）を持っていた受益者がそのまま所有権財産を持つので、財産の移動はなく、課税関係は生じません。

家族信託にかかわる税務

家族信託の税務の大原則：受益者等課税信託

所得税法第13条第1項
現に権利を有する受益者が、信託財産に属する資産及び負債を有するものとみなし、かつ、当該信託財産に帰せられる収益及び費用は受益者の収益及び費用とみなす。

信託開始時の課税問題

- 委託者＝受益者（自益信託） → 何ら課税は生じず！
- 委託者≠受益者（他益信託） → “みなし贈与”として贈与税の課税対象

信託開始後の課税問題

- 受益者の死亡による交代 —「死亡」を原因とする財産（受益権）の移動→ “みなし相続”として相続税の課税対象
- 受益者の生存中の交代
  - 無償で財産（受益権）の移動 → “みなし贈与”として贈与税の課税対象
  - 有償で財産（受益権）の移動 → “受益権売買”として売主側は所得税の課税対象

信託終了時の課税問題

●「受益者の死亡」で信託を終了する場合

- 受益者の死亡による交代 — 死亡を原因とする財産（残余財産）の移動 → “みなし相続”として相続税の課税対象

●「受益者と受託者の合意」で終了する場合

- 受益者がそのまま所有者となる → 財産の移動がないので何ら課税は生じず！

家族信託と登録免許税・不動産取得税

Point

信託財産に不動産を入れる場合、登録免許税と不動産取得税の負担に注意する。

- ☑ 家族信託の開始時には、信託登記の登録免許税はかかるが、不動産取得税は常に非課税
- ☑ 信託期間中は、受益者や受託者が変更となったとき等に登記手続きが必要
- ☑ 信託終了時には、その設計によって登録免許税・不動産取得税の負担が異なることに注意

信託開始時の税負担は、信託登記に絡む登録免許税のみ

家族信託を実行したことにより、〝不動産登記簿に不動産管理を担う受託者の住所・氏名を記載する手続き〟が必要となります。この手続きを「信託登記」と呼びます。

登記のシステム上、所有者（委託者）から受託者への形式的な所有権移転という形をとります（登記の目的は「所有権移転および信託」となる）。この場合、左ページ1記載の登録免許税を納めなければなりません。

一方で、形式的な所有権移転であり、管理を担う受託者が実際に不動産を取得したわけではないので、**受託者に対し不動産取得税の課税はされません**。

つまり、前ページの課税関係と合わせて考えると、家族信託の開始の段階では、信託登記にかかる登録免許税以外の課税関係は一切生じないのが通常です。

信託終了時の登録免許税・不動産取得税は、設計次第

信託契約中においては、受益者が変更となる場合（受益者の死亡による交代が一般的だが、理論上受益権の贈与・売買による受益者の変更の場合もある）は、信託目録の変更登記が必要になります。また、受託者が交代する場合も登記手続きが必要になります（2・3参照）。

一方で、不動産取得税は、不動産を現物（所有権財産）として取得する場合に課税するもので、信託契約期間中（信託開始時から信託終了時まで）は課税関係が一切生じません。

信託契約が終了した時点で、登記簿の記載を受託者から残余財産の帰属権利者（最終的な所有者）に登記の名義を代える手続きが必要になります。この**信託終了の登記手続きには、信託の設計によって適用される登録免許税の税率が異なります**ので注意しましょう（4参照）。

また、信託契約が終了したことにより、信託不動産が通常の所有権財産に戻るため、**信託の設計や終了の原因によっては、不動産取得税も課税**されますので注意が必要です（P69参照）。

信託不動産の登記手続きと登録免許税

1 信託開始時

受託者の名前を登記簿に記載する登記手続き

登記の目的	所有権移転および信託
原　因	年月日 信託
登録免許税	所有権移転分…非課税 信託分…土地は、固定資産評価額の 3/1000[※1] …………建物は、固定資産評価額の 4/1000（原則[※2]）

※ 1 租税特別措置法第 72 条（～令和 5 年 3 月 31 日）
※ 2 登録免許税法第 9 条別表第一．1（十）イ

2 受益者の変更時

受益者の相続や受益権の贈与・売買などにより信託財産のオーナーが代わったときの登記手続き

登記の目的	受益者変更
原　因	年月日 相続（贈与・売買）
登録免許税	不動産 1 個につき 金 1,000 円[※]

※ 登録免許税法第 9 条別表第一．1（十四）

3 受託者の変更時

受託者の死亡や辞任などにより交代となったときの登記手続き

登記の目的	所有権移転
原　因	年月日 受託者死亡（辞任）による変更
登録免許税	非課税（登録免許税法第 7 条第 1 項第 3 号）

4 信託終了時

信託終了事由の発生（受益者の死亡など）や受託者と受益者の合意で終了するときの登記手続き

登記の目的	所有権移転および信託登記抹消
原　因	所有権移転 年月日 信託財産引継 信託登記抹消 信託財産引継
登録免許税	所有権移転分…固定資産評価額の 20/1000[※1・2] 信託抹消分……不動産 1 個につき 金 1,000 円

※ 1 信託の効力発生（設定）時から「委託者＝元本の受益者」であって、信託終了にともなって委託者の相続人を帰属権利者として所有権を移転する場合には、相続の税率（＝ 4/1000）を適用する（登録免許税法第 7 条第 2 項）。
※ 2「委託者＝受益者」であり、信託期間中において委託者及び受益者に変更がなく、信託終了時に当該委託者（＝受益者）に所有権を移転する（元の所有者に戻す）場合には、所有権移転登記にかかる登録免許税は非課税（登録免許税法第 7 条第 1 項第 2 号）。ただし、抹消登記分（不動産 1 個につき金 1,000 円）はかかる。

節税対策としての不動産信託の活用

Point

親の不動産や金融資産を信託で預かり、受託者主導で有効活用・建て替え・買い換え等の節税対策が可能。

ココをおさえる！

- ☑受託者が親の健康状態に左右されずに信託財産を管理し、所得税・相続税対策を長期にわたり実行できる
- ☑金銭や更地をうまく活用することで、より収益を生んだり、相続税評価額を下げたりすることも可能
- ☑不動産を信託財産に入れても、通常の不動産と同様に各種税制優遇を受けることができる

所有権財産と信託財産では税務上の評価はまったく同じ

親の判断能力が衰えてきても相続税対策を遂行したいというニーズは、地主・不動産オーナー・富裕層を中心に非常に高くなっています。老親の財産を子が受託者として預かり、老親の意向をくみつつ、既存の不動産を売却・買い換えたり、また信託金銭を使って新たに建物を建設・購入したりすることで、資産の組み換え・有効活用・相続税の評価減を狙うのが所得税・相続税対策の常套手段です。

なお、所有者たる老親がその保有資産を信託財産に入れた後に亡くなった場合、税務上の評価においては「所有権」の財産から「信託受益権」という財産にその遺産の評価対象が変わることになります。しかし、実はその**信託受益権の相続税評価額は、元々の所有権財産たる不動産の評価額**（土地であれば路線価に基づく計算、建物であれば固定資産税評価額）**と同額**になります。

また、不動産を信託財産に入れても、通常受けられる税務的な特例・軽減措置（居住用財産譲渡の３０００万円特別控除、小規模宅地の評価減など）を受けることが可能です。

家族信託はあくまで手段であって目的ではない

以上を踏まえると、**信託を組むこと自体に税務上のリスク・デメリットは生じないといえます**（Ｐ１４０の損益通算禁止については注意が必要）。反対に、家族信託を実行する行為それ自体は、相続税対策としてのメリットにはなりません。

つまり、家族のどのような希望・想いを実現するかという**目的を明確にし、その目的を実現する方策を検討し、結果として「信託」という手段を活用するのであって、信託はゴールではない**のです。

例えば、老親の判断能力が喪失しても、家族の負担やコストを極力抑える形で老親の財産管理ができることを目的として、家族信託を実行する人は多いです。

また、老親が先代から引き継いだ一族の資産を孫・ひ孫の代まで何世代にもわたってつなぐことを目的として実行する人も少なくありません。

不動産を売却したときの税務

課税譲渡所得＝売却価格－（取得費※1＋譲渡費用※2）－特別控除※3

譲渡所得税＝課税譲渡所得×税率※4

売却価格	取得費・譲渡費用	課税譲渡所得 / 特別控除

特別控除：居住用：金3,000万円 または 収用：金5,000万円

※1取得費は、不動産の購入代金、建物の建築代金、登記費用、仲介手数料等が該当。建物の取得費は、減価償却費相当額を差し引く必要がある。また、贈与・相続などで取得した場合の登記費用・不動産取得税・印紙税、取得時の測量費、土地造成費用も算入可。ただし、実際の取得費の金額が不明な場合、または取得費が売却価格の５％に満たない場合は、売却価格の５％相当額を取得費として計算。

※2譲渡費用は、売却時の仲介手数料、測量・分筆・境界確定費用など不動産を売るために直接要した費用、印紙税、賃借人への立退料、更地売却時の建物解体費用等が該当。

※3土地の収用など公共事業のために土地建物を売った場合：金5,000万円、マイホーム（居住用財産）を売った場合：金3,000万円。

※4土地や建物を売った年の1月1日現在で、その土地や建物の所有期間が5年を超える場合は「長期譲渡所得税率15%（＋住民税5％）」、5年以下の場合は「短期譲渡所得税率30%（＋住民税9%）」になる。

受益権の内容となる信託不動産の評価額

信託不動産の相続税評価額 ＝ 所有権財産の相続税評価額

相続税の計算における財産評価は、
信託財産に入れる前と後で変わることはない！

相続税対策として不動産活用が有効な３つの理由

理由1　時価よりも財産評価が２～５割下げられる

土地の評価は、国税庁が決める**路線価**が基準となり、時価のおよそ８割といわれる（路線価のない土地は、固定資産税評価額に対する倍率で計算）。建物は、**固定資産税評価額**となるが、これは時価の最大５割程度といわれる。つまり、現金をそのまま相続するより、不動産で相続すると相続税評価が２～５割程度下げることが可能。

理由2　賃貸不動産はさらに評価が下げられる

不動産を第三者に賃貸する場合、賃貸住宅の敷地は**貸家建付地**として、賃貸住宅は**貸家の評価減**で、評価が安くなる。

賃貸アパートを建てた場合の節税効果

相続税評価額１億円の更地に賃貸アパートを金 6,000 万円で建設した場合の節税効果について、土地と建物に分けて、その節税効果を検証する。

❶土地（貸家建付地）の評価額の計算式

更地をそのまま相続すると評価額１億円。そこに賃貸アパート等を建てた場合、土地は**貸家建付地**として下記の通り評価を下げることが可能

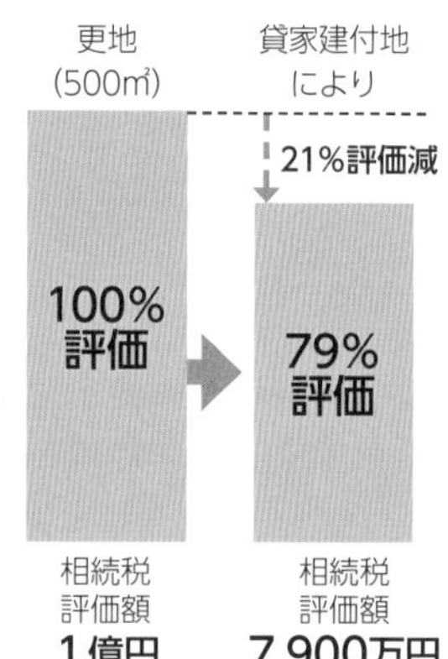

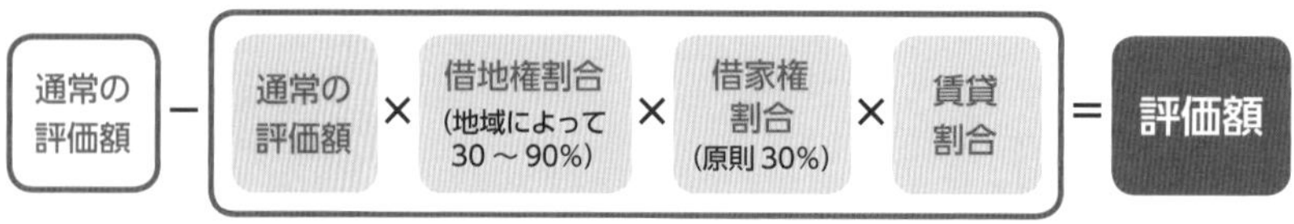

❷建物（賃貸アパート・貸家）の評価額の計算式

（あ）**建物は相続のときには固定資産税評価額で評価**
※建築費用の約 60～70%

（い）**賃貸の場合はさらに固定資産税評価額から借主側の財産価値である借家権（一律 30%）を控除**

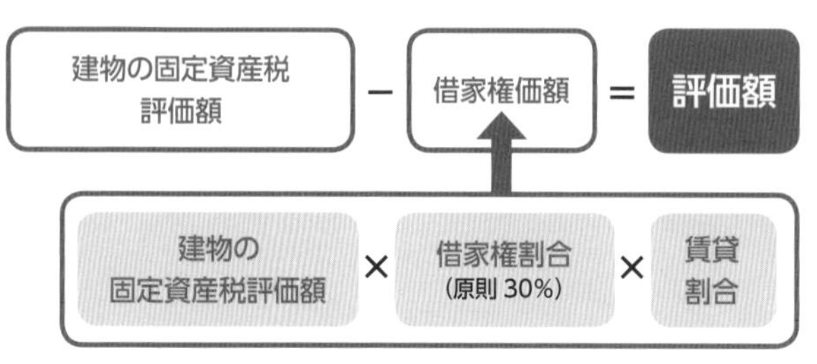

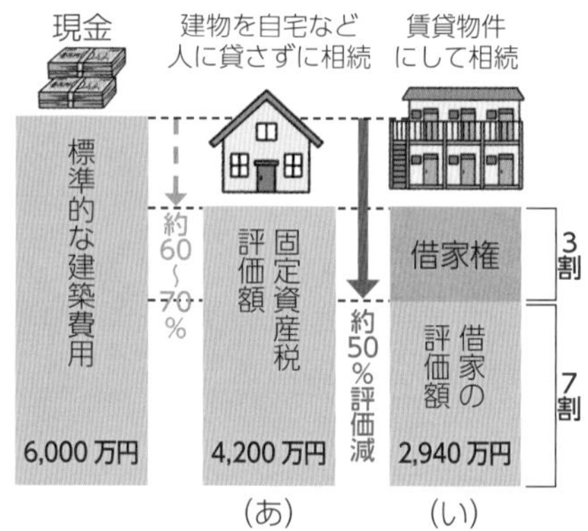

例（あ）6,000 万円× 70%＝ 4,200 万円
（い）4,200 万円× 70%＝ 2,940 万円

更地と現金の合計１億 6,000 万円の評価を賃貸アパートの建設により、上記①②の合計１億円強にまで評価を下げることが可能となる

現金で相続する場合と不動産で相続する場合の評価額のイメージ

財産の種類	現金	自己使用する不動産	賃貸不動産
評 価	100%	土地：時価の約 80% 建物：時価の最大 50%	土地：時価の約 65% 建物：時価の最大 35%※

※満室でないと入居率に応じて評価額の減少率が変動する。

理由3　小規模宅地等の評価減の特例を受けられる

小規模宅地等の評価減の特例

被相続人（故人）

が

居住用（自宅）

や

貸付事業用（アパート経営など）

として使っていた宅地

一定の要件を満たすと……

その宅地の評価額を 80%（貸付事業用は 50%）減らせる！

宅地等の種類ごとの限度面積・減額割合の例と相続する人の主な条件

宅地等の種類	限度面積	減額割合
特定居住用宅地	330㎡	80%
特定事業用宅地	400㎡	80%
貸付事業用宅地	200㎡	50%

減額される割合は、宅地の利用状況によって変わります。

特定居住用宅地を相続する場合

❶配偶者

・所有・居住の要件なし

❷同居親族

・申告期限まで、所有・居住を続けること

❸持ち家のない親族（❶❷がいない場合）

・相続開始前３年以内に、自分、配偶者、３親等内の親族、同族関係法人のいずれかの所有する家屋に住んだことがないこと

・相続開始時に居住する家屋を過去に所有していたことがないこと

事業用宅地を相続する場合

❶貸付事業用宅地

貸付事業を引き継ぐ親族

・申告期限まで、所有・貸付事業を続けること

・相続開始前３年以内に貸付事業の用に供された宅地は対象外（相続開始前３年を超えて事業的規模で貸付事業を行っていた場合は対象）

❷特定事業用宅地

事業を引き継ぐ親族

・申告期限まで、所有・事業を続けること

二世帯住宅にしたり、老人ホームに入居したりしていた場合

二世帯住宅については、内部で行き来ができない区分構造の住宅についても、同居と認められるようになりました。ただし、１階を父の所有、２階を子の所有というように、家屋について区分所有登記をしている場合には、同居とは認められず、特例が受けられません。

被相続人が老人ホームなどに入所しており自宅に住んでいなかった場合でも、①介護が必要なために入所したこと、②自宅を人に貸していなかったこと、の２つの要件を満たしていれば、被相続人の居住用宅地として特例の対象となります。

不動産信託の損益通算禁止の注意点

Point

信託不動産に関する税務では、損益通算禁止と損失の繰越禁止のリスクに注意する。

ココをおさえる!

- ☑信託不動産から生じた損金は、なかったものとされるので、他の所得と損益通算できず、また翌年以降に損失を繰り越すこともできない
- ☑不動産を信託財産とする信託契約を複数実行する場合、収支計算は契約ごとに完結し、相互の損益通算はできない

信託不動産から生じた年間赤字は損益通算できない

税務上、信託財産から生じた収益および費用は、受益者のものとみなされ、受益者が毎年確定申告をすることになります。つまり、「委託者＝受益者」の場合、今までと何ら変わらず親が確定申告をすることになります。

この計算において、**信託された不動産の所得にかかる損失は、「計算上生じなかったもの」とみなされます**（租税特別措置法第41条の4の2第1項）。

例えば、長男たる受託者に管理を任せた信託不動産と、父親が自ら管理する不動産（所有権財産）を合わせて持っている場合を想定しましょう。

信託不動産たる収益マンションについて大規模修繕をするなどして信託財産の年間収支がマイナスとなった場合、父親の確定申告において、その**損失額を所有権不動産から生じた利益と通算して、利益を圧縮することはできません**。反対に、信託不動産から生じた利益は、所有権不動産から生じた損失と損益通算することはできます。

また、税法上損失がなかったものとみなされる以上、翌年以降にその損失を繰り越すということもできなくなります。

複数の不動産信託契約について相互の損益通算はできない

受益者が同じで不動産を信託財産とする信託契約が複数ある場合、1年間の収支計算は信託契約ごとに完結させなければならず、**複数の契約をまたいで損益通算をする**ことはできません。つまり、複数の信託契約がすべて年間収支がプラスであれば合算して確定申告すればよいですが、年間収支がマイナスの信託契約があっても、他の利益と通算ができないことになります。

家族信託の実務上、信託の目的や不動産の種類、受託者、第二受益者等が異なるために複数の不動産信託契約を作成することはよくあることです。

損益通算できないことの税務上の注意点を踏まえて、信託を開始するタイミングや設計の仕方を十分に検討することが必要です。

不動産所得についての損益通算禁止のポイント

●不動産所得に関する損益通算のイメージ図

信託から生じる所得がプラスの場合

信託とそれ以外の収入から
費用を控除した残りが課税対象

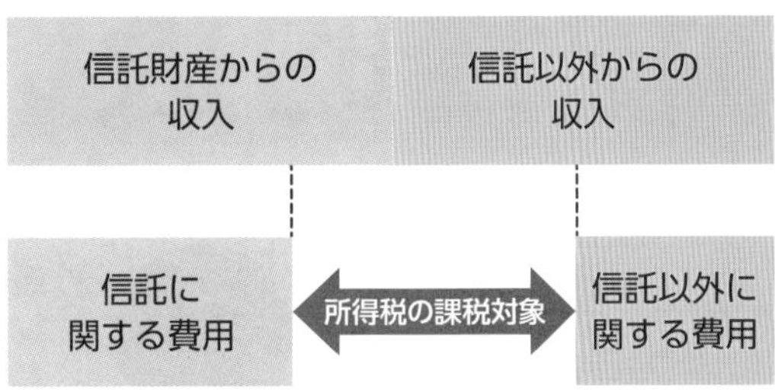

信託から生じる所得がマイナスの場合

信託から生じる所得のマイナスは
なかったものとみなす

信託以外の収入から、信託以外に
関する費用を控除した残りが課税対象

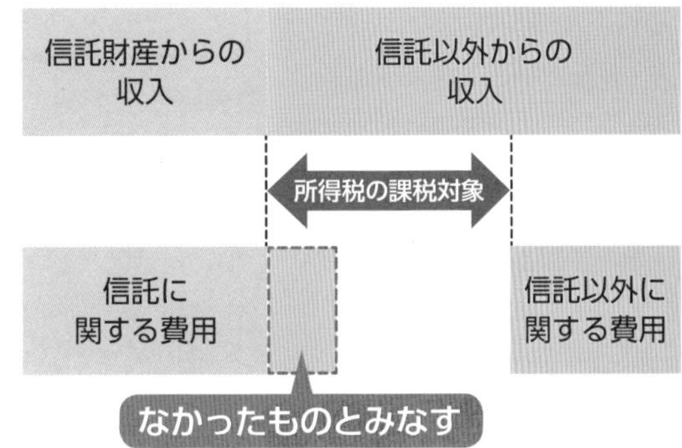

信託財産の年間収支がマイナスとなっても、その損失額を信託以外の利益と損益通算することはできません。

家族信託を実行する際に注意すべきこと

1 まだ世間の認知度が低い

- 家族や専門家（税理士・金融機関・不動産会社など）の理解と納得を得るのに苦労する

2 初期費用がかさむ

- 実費（公証役場の手数料・登記費用）と専門家報酬を合わせた総費用の概算として、信託財産の評価額の 1.2 ～ 2%前後のイメージ
  ただし、ランニングコストは、原則かからない（信託監督人などを第三者に依頼する場合を除く）

3 税務会計処理に手間とリスク

- 毎年の税務署への提出書類が増える
- 信託不動産からの赤字に関し、**損益通算不可**の取扱いに注意

信託報酬の活用と税務的扱い

Point

受託者の労に報いる対価として信託報酬を上手に活用するのも良策。

ココをおさえる!

☑親の老後へのかかわり方の程度に応じた資産分配として、受託者にあえて報酬を渡すことで、他の兄弟との公平感を出す方策もある

☑信託報酬は、受託者・受益者双方の税務にかかわるので、専門家を交えた家族会議できちんと議論すべき

公平感のある相続の実現に向けた方策としての信託報酬

家族信託は、家族による財産管理・資産承継のしくみであり、子が親のサポートを無償でするのは当たり前だとの考え方はあります。ただ、**親の老後へのかかわり方の程度に応じて、親の遺産の分配比率に差をつける**ことも円満公平な相続の実現には重要な考え方です。つまり、複数の子に対して、渡す財産の評価額をほぼ同じにするのが「公平な相続」とは限りません。

親の老後へのかかわり方が子によって大きく差が出る場合には、それを踏まえた分配比率などを考える（あえて差をつける）ことも公平感・納得感のある相続の実現に近づくと考えます。

このような観点から相続時の遺産や生前贈与とは別枠で、**老親のサポート期間（受託者としての就任期間）の長さに応じた累積額**で公平感を出すといった方策も考えられます。これが**信託報酬**として毎月または年に一度、受託者の労に報いる対価を渡す方策です。

信託報酬の税務的な取扱いには注意が必要

信託報酬は、受託者にとっては「雑所得」になりますので、**年間で20万円を超えれば、給与所得者でも申告が必要**となります（P43参照）。個人事業主や医療費控除を受ける人等は確定申告が必要なので、その場合、たとえ雑所得がわずかでも申告に計上しなければなりません。

信託財産が収益物件のみで、親の賃貸経営を長期に安定化するためや、円滑な事業承継を実現するための家族信託であれば、家族信託の導入に関する初期コストや信託報酬等のランニングコストは、賃貸経営上の必要経費とみることができると考えます。

ただ、自宅や老後の生活資金も合わせて信託財産として管理を託す場合は、賃貸経営のためだけの信託ではなくなりますので、理論上**全額を損金処理することは難しい**といえます。このあたりは、家族を交えて税務の専門家にしっかりと相談しながら、信託報酬の有無、その金額について検討すべきです。

信託報酬に対する考え方

受託者に支払う**信託報酬**の意味・効果

1 対価を渡すことで受託者のモチベーションの維持につなげ、責任感を持たせる
2 受託者の長期にわたる重大な責務に対して、受託者にならない他の兄弟と経済的に差をつける（公平性を確保）
3 贈与とは別枠で親が生きている間に財産を子に渡すことができる

時価評価や相続税評価の観点だけで兄弟間の公平性を図るのは危険です。例えば、４兄弟で❶収益を生まず売却も許されない自宅、❷老朽化しているが高収益を生む賃貸物件、❸築浅だけど多額のローンが残る賃貸物件、❹現金、を各々継承する場合、数字では測れない各遺産❶～❹のメリット・リスクがあります。大切なのは、親子間・兄弟間の納得感をどう出すかであり、そのためのプロセスが家族による対話なのです。

生計同一世帯についての**信託報酬**の取扱い

委託者兼受益者（親）と受託者（子）が同居して、生計が同一となっている場合（生活費の財布が一つである場合）、受託者たる子が受益者たる親から信託報酬をもらっても、課税対象にならない。その反対に、受託者に支払った信託報酬は、受益者の損金として経費計上できない。つまり、生計同一世帯の場合、信託報酬を毎月いくら渡しても、親にとっても子にとっても確定申告上の数字に何ら影響しない。

老親と同居している受託者たる子が介護離職の理由等で就労していない場合、子の生活費がどんぶり勘定になっているケースがある。その場合は、あえて信託報酬を設定し、子は毎月もらえる信託報酬の範囲内で生活をするという、明朗会計かつ子の自立した生活の確立を目指すことも良策となり得る。

税務署への届出書類

Point

家族信託開始時には原則不要だが、毎年定期的な届出や受益者・信託内容を変更したときは届出が必要。

ココをおさえる！

- ☑信託財産から一定の収入があれば、確定申告とは別に毎年の提出書類がある
- ☑信託不動産からの収入があれば、毎年の確定申告書に添付する資料が増える
- ☑信託期間中の受益者交替や契約内容の変更、信託が終了した場合は税務署に届出が必要

家族信託の開始時は、自益信託である限り届出不要

家族信託を開始するとき、「自益信託」であれば税務上の課税関係は生じないことと合わせ（P133参照）、税務署への届出をする必要もありません。

また、これまで毎年していた親（委託者兼受益者）の確定申告は、家族信託の実行後も引き続き受益者たる親の所得として同じようにすることになります。ただこれまでと異なり、次の2つの場合では毎年税務署に提出する書類が少し増えます。

まず、1年間の信託財産にかかる収益の合計額が3万円以上（計算期間が1年未満の場合には1万5000円以上）の場合は、毎年1月31日までに**受託者**が前年の信託財産の状況等を記載した**信託の計算書**、**信託の計算書合計表**を税務署に提出する必要があります。

もう一つは信託不動産からの収益がある場合で、**受益者**の確定申告書に**不動産所得に関する明細書**として、具体的な収支の内訳や賃貸料、減価償却費、借入金等を記載した資料を添付する必要があります。

受益者や信託契約の内容が変わったら税務署に届け出る

信託財産の相続税評価額が50万円超となる信託契約においては、受益者が交代した場合（受益者の死亡により交代した場合など）や信託契約の内容に変更があった場合、信託契約が終了した場合には、規定上は、**受託者**が信託財産の種類・所在場所・価額等を記載した**信託に関する受益者別（委託者別）調書**、**信託に関する受益者別（委託者別）調書合計表**を税務署に提出する必要があります。

提出期限は、変更があった月（終了した月）の翌月末までとなっています。

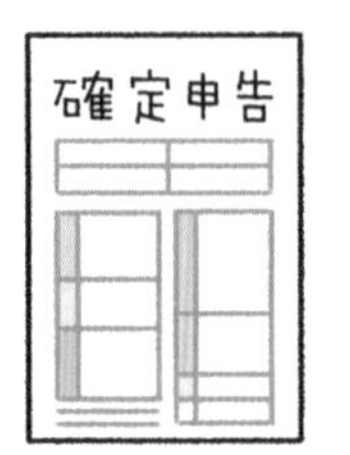

税務署への届出の流れ

●4つの場面と提出する書類

家族信託に関係する税務署への届出については、下記の4つの場面に分けて考える必要がある

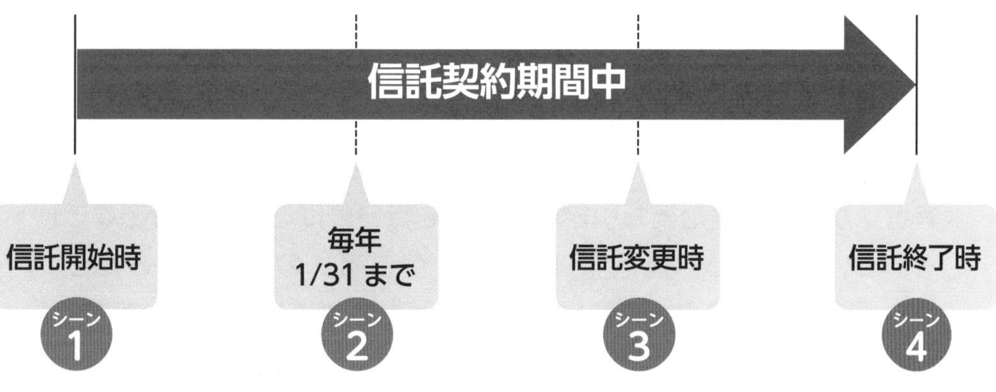

シーン1 家族信託開始時に税務署に提出するもの ➡ P146

シーン2 信託契約期間中、毎年税務署に提出するもの ➡ P146

シーン3 信託変更時（受益者交代や契約内容の変更の際）に税務署に提出するもの ➡ P148

シーン4 信託契約終了時に税務署に提出するもの ➡ P148

次ページから上記の4つの場面(シーン1～シーン4）について解説していきます。シーンによって提出書類が異なりますので注意してください。

家族信託開始時に提出するもの

家族信託開始時に税務署に提出するもの

原則、提出不要！

家族信託の実務においては、これまで財産を持っていた親世代（所有者）が、信託開始後も引き続き財産を持ち続ける（受益者となる）という、いわゆる**自益信託**（委託者＝受益者）の形態がほとんど。この場合は、**税務署への書類提出が不要**とされているので、家族信託の開始時に税務署に届出が必要なケースはほぼない。

※別の見方をすれば、下記①②の両方に該当する場合には、受託者が「信託に関する受益者別（委託者別）調書」「信託に関する受益者別（委託者別）調書合計表」（※ P149 に掲載）を受託者の事務所等の所在地の管轄税務署に提出する必要がある。
①他益信託（委託者≠受益者）の場合
②受益者別に評価した信託財産の相続税評価額が 50 万円を超える場合

信託契約期間中、毎年提出するもの

信託契約期間中、毎年税務署に提出するもの

1 毎年 1 月 31 日までに受託者が提出する書類

適用条件　1 年間の信託財産に係る**収益の合計額が 3 万円以上**（計算期間が 1 年未満の場合には 1 万 5 千円以上）の場合
➡提出義務が発生

提出義務　受託者が前年の信託財産の状況等を記載した**信託の計算書**、**信託の計算書合計表**を受託者の事務所等の所在地の税務署に提出する必要がある（左ページ参照）。規定上は、**毎年 1 月 31 日までの提出期限**となっているが、実務上は特段のペナルティ等はない。

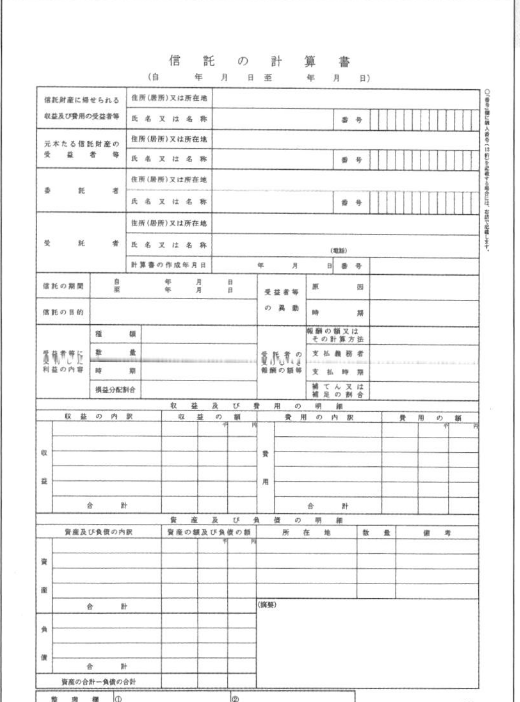

信　託　の　計　算　書
（自　　年　月　日至　　年　月　日）

信託財産に帰せられる収益及び費用の受益者等	住所（居所）又は所在地			
	氏名又は名称		番号	
元本たる信託財産の受益者等	住所（居所）又は所在地			
	氏名又は名称		番号	
委託者	住所（居所）又は所在地			
	氏名又は名称		番号	
受託者	住所（居所）又は所在地			
	氏名又は名称	（電話）		
	計算書の作成年月日	年　月　日	番号	

○「番号」欄に個人番号（12桁）を記載する場合には、右詰で記載します。

信託の期間	自　年　月　日 至　年　月　日	受益者等の異動	原因	
信託の目的			時期	
受益者等に交付した利益の内容	種類	受託者の受ける報酬の額等	報酬の額又はその計算方法	
	数量		支払義務者	
	時期		支払時期	
	損益分配割合		補てん又は補足の割合	

収益及び費用の明細

	収益の内訳	収益の額（千円）		費用の内訳	費用の額（千円）
収益			費用		
	合計			合計	

資産及び負債の明細

	資産及び負債の内訳	資産の額及び負債の額（千円）	所在地	数量	備考
資産					
	合計		（摘要）		
負債					
	合計				
資産の合計−負債の合計					

整理欄	①	②

357

◀信託の計算書

▼信託の計算書合計表

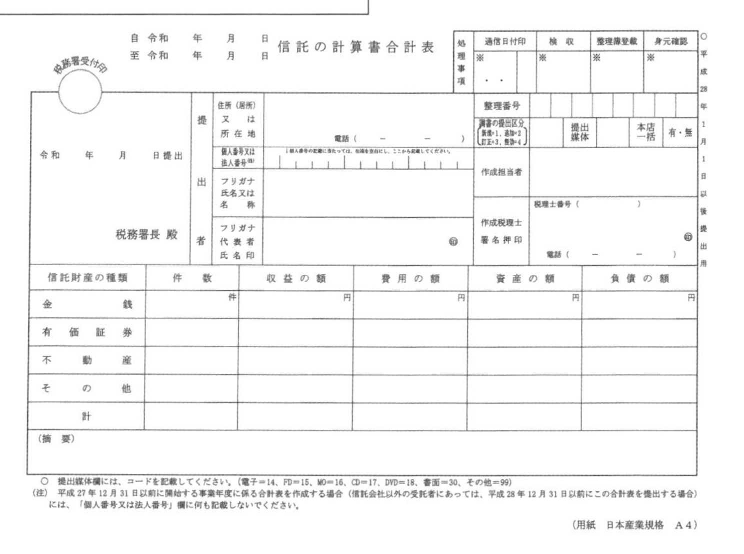

自 令和　年　月　日
至 令和　年　月　日　信託の計算書合計表

処理事項	通信日付印	検収	整理簿登載	身元確認
	※ ・ ・	※	※	※

税務署受付印

令和　年　月　日提出

税務署長 殿

提出者	住所（居所）又は所在地	電話（　－　－　）	整理番号	
			調書の提出区分（新規=1、追加=2、訂正=3、無効=4）	提出媒体　本店一括　有・無
	個人番号又は法人番号（注）	↓個人番号の記載に当たっては、左端を空白にし、ここから記載してください。	作成担当者	
	フリガナ 氏名又は名称		作成税理士署名押印	税理士番号（　） ㊞ 電話（　－　－　）
	フリガナ 代表者氏名印	㊞		

信託財産の種類	件数	収益の額	費用の額	資産の額	負債の額
金銭	件	円	円	円	円
有価証券					
不動産					
その他					
計					

（摘要）

○ 平成28年1月1日以後提出用

○　提出媒体欄には、コードを記載してください。（電子＝14、FD＝15、MO＝16、CD＝17、DVD＝18、書面＝30、その他＝99）
（注）　平成27年12月31日以前に開始する事業年度に係る合計表を作成する場合（信託会社以外の受託者にあっては、平成28年12月31日以前にこの合計表を提出する場合）には、「個人番号又は法人番号」欄に何も記載しないでください。

（用紙　日本産業規格　Ａ４）

2 毎年の受益者の確定申告時に提出する書類

適用条件 信託不動産からの収益がある場合
➡**提出義務が発生**

提出義務 受益者の確定申告書に**不動産所得に関する明細書**として、具体的に下記の書類を添付する必要がある。

- 通常の不動産所得に関する書類（収支内訳表など）
- 信託から生じる不動産所得に係る明細書
  ➡信託不動産に関する賃貸料や減価償却費、借入金等を記載したもの

シーン3 信託変更時に提出するもの

家族信託の変更時（受益者交代や契約内容の変更の際）に税務署に提出するもの

適用条件 信託に関する**権利の内容**に変更があった場合や受益者が交代した場合で、かつ**受益者別**に評価した信託財産の相続税評価額が**50万円超**の場合
➡**提出義務が発生**

提出義務 受託者が信託財産の種類・所在場所・価額等を記載した**信託に関する受益者別（委託者別）調書、信託に関する受益者別（委託者別）調書合計表**を税務署に提出する必要がある（左ページ参照）。規定上は、**変更があった月の翌月末まで**の提出期限となっている。

シーン4 信託終了時に提出するもの

信託終了時に税務署に提出するもの

適用条件 信託が終了した場合で、かつ下記a、b、cのいずれにも当てはまらない場合➡**提出義務が発生**

a）信託の終了直前の受益者が当該信託の残余財産の帰属権利者等になった場合（信託終了直前の受益者＝帰属権利者の場合）
b）**受益者別**に評価した信託財産の相続税評価額が**50万円以下**の場合
c）残余財産がない場合

※ つまり、信託が終了しても新たな者に権利が移転しない場合や残余財産額が少額の場合は、提出不要

提出義務 **受託者**が信託財産の種類・所在場所・価額等を記載した**信託に関する受益者別（委託者別）調書、信託に関する受益者別（委託者別）調書合計表**を税務署に提出する必要がある（左ページ参照）。規定上は、**信託契約が終了した月の翌月末まで**の提出期限となっている。

▼信託に関する受益者別（委託者側）調書

信託に関する受益者別（委託者別）調書

受益者	住所（居所）		氏名又は名称	
			個人番号又は法人番号	
特定委託者	又は		氏名又は名称	
			個人番号又は法人番号	
委託者	所在地		氏名又は名称	
			個人番号又は法人番号	

信託財産の種類	信託財産の所在場所	構造・数量等	信託財産の価額

信託に関する権利の内容	信託の期間	提出事由	提出事由の生じた日	記号番号
	自　・　・ 至　・　・		・　・	

（摘要）

（令和　年　月　日提出）

受託者	所在地又は住所（居所）	（電話）
	営業所の所在地等	（電話）
	名称又は氏名	
	法人番号又は個人番号	

整理欄	①	②

○「個人番号又は法人番号」欄に個人番号（12桁）を記載する場合には、右詰で記載します。

358

▼信託に関する受益者別（委託者別）調書合計表

令和　年　月分　信託に関する受益者別（委託者別）調書合計表

税務署受付印

処理事項	通信日付印		検収	整理簿登載	身元確認
	※　・　・		※	※	※

令和　年　月　日提出

税務署長 殿

提出者		
住所（居所）又は所在地	電話（　－　－　）	
個人番号又は法人番号(注)	↓個人番号の記載に当たっては、左端を空欄にし、ここから記載してください。	
フリガナ 氏名又は名称		
フリガナ 代表者氏名印	㊞	

整理番号					
調書の提出区分（新規=1、追加=2 訂正=3、無効=4）		提出媒体		本店一括	有・無
作成担当者					
作成税理士署名押印	税理士番号（　） ㊞ 電話（　－　－　）				

提出事由	信託財産の種類	提出枚数	受益者数	特定委託者数	委託者数	信託財産の価額
効力発生	□金銭　□有価証券 □金銭債権□不動産 □その他（　）	枚	人	人	人	円
受益者変更	□金銭　□有価証券 □金銭債権□不動産 □その他（　）					
信託終了	□金銭　□有価証券 □金銭債権□不動産 □その他（　）					
権利内容変更	□金銭　□有価証券 □金銭債権□不動産 □その他（　）					
計						

（摘　要）

○　提出媒体欄には、コードを記載してください。（電子＝14、FD＝15、MO＝16、CD＝17、DVD＝18、書面＝30、その他＝99）
（注）　平成27年12月分以前の合計表を作成する場合には、「個人番号又は法人番号」欄に何も記載しないでください。

（用紙 日本産業規格 A 4）

○平成28年1月1日以後提出用

認知症による「口座凍結」の本当の意味

「親が認知症になると、親の口座は凍結してしまい、下ろせなくなる」というのはよくいわれることです。しかし、このフレーズの意味する本当の意味について、誤解されている人も多いので、きちんと理解していただくために説明したいと思います。

一般的にいわれる「口座凍結」には、2種類あります。

一つ目は、預金者が死亡した場合の口座凍結です。この場合、遺族から預金者が死亡した旨を金融機関に申し出て、相続による預金口座の解約・払戻し手続きをすることになります（反対に、家族からの申し出がない限り、金融機関は相続発生の事実を把握できませんので、預金者の死亡により自動的に口座が凍結されることはありません）。この相続手続きにおける口座は、いわば“完全凍結”です。つまり、口座自体がロックされますので、年金や賃料収入、配当金等の入金がストップするだけではなく、公共料金や固定資産税、クレジットカード利用料金等の口座引落もできなくなります。

一方、預金者の認知症や大病を原因として判断能力が著しく低下した場合の口座凍結は、“完全凍結”とは違います。**この場合は、金融機関の窓口において、「預金者本人が明確な意思のもと預金の払戻しを受けることができなくなる」という意味において“口座凍結”という言い方をします**。親の預貯金からほしいときにほしい金額を、例えば老親が高齢者施設に入所する際の入居一時金で金1,000万円が必要だとか、アパートの修繕費で数百万円の振込みをしなければならないときに、預金が動かせなくなるというリスクです。

ただし、**年金収入や賃料等はその口座に引き続き入金されてきますし、公共料金や高齢者施設の利用料は継続的に口座引落がされます**ので、預金者の判断能力が低下すること自体が必ずしも大きなリスクになるとは限りません。

大切なことは、老親の判断能力の著しい低下で、預貯金が下ろせなくなる事態に遭遇したときに、本人および家族にどのような困りごとやリスクが生じるかをきちんと認識することです。その点において、あらかじめ家族信託で子どもに金融資産の管理を任せておくことにより「皆が困らないように備えましょう」ということにつながるわけです。

第5章

家族信託の代表的な活用事例

CASE 1～12　課題や家族の希望、信託設計の概要、対応策

それでは
これまでに決めたことを
整理してみましょう

お父さんに
何かあったときに
お母さんや
次郎の生活を
どうしていくのかが
問題だったわね

それと
親父とお袋が
建ててくれた
アパートを誰が
継ぐかという
問題もあったよな

俺は最初
母さんと次郎が
大変だから
2人に財産を多めに
残してやりたいと
思っていたんだ
フム

いろいろ話して
いるうちに
親父と俺が
信託契約を結んで
俺が受託者として
親父とお袋
それに次郎の生活を
守るのが一番いい
方法だと
わかったんだ

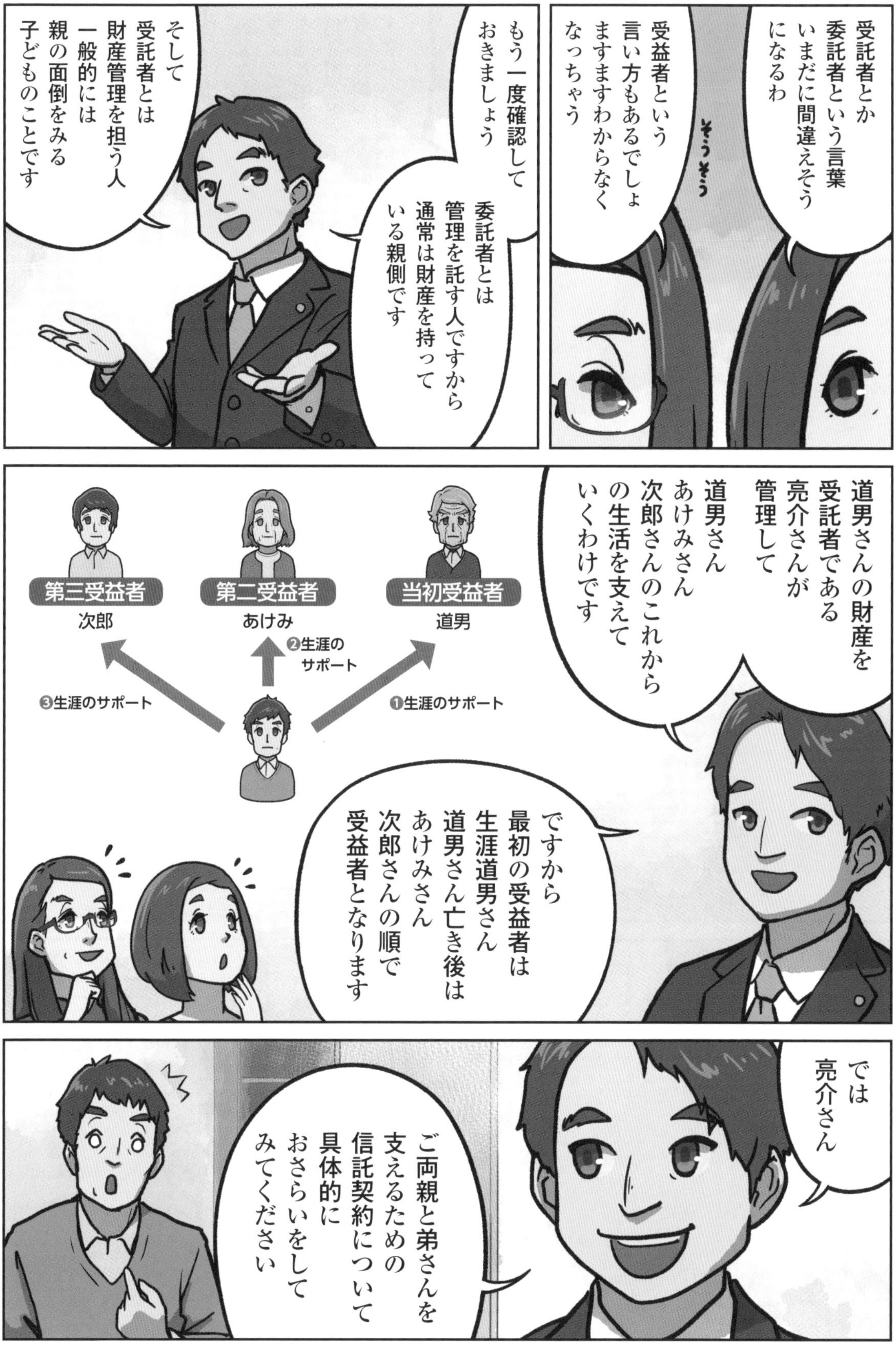

受託者とか
委託者という言葉
いまだに間違えそう
になるわ

そうそう

受益者という
言い方もあるでしょ
ますますわからなく
なっちゃう

もう一度確認して
おきましょう

委託者とは
管理を託す人ですから
通常は財産を持って
いる親側です

そして
受託者とは
財産管理を担う人
一般的には
親の面倒をみる
子どものことです

道男さんの財産を
受託者である
亮介さんが
管理して
道男さん
あけみさん
次郎さんのこれから
の生活を支えて
いくわけです

当初受益者
道男

第二受益者
あけみ

第三受益者
次郎

❶生涯のサポート
❷生涯のサポート
❸生涯のサポート

ですから
最初の受益者は
生涯道男さん
道男さん亡き後は
あけみさん
次郎さんの順で
受益者となります

親父たちを
支えるために
自宅と生活資金を
信託財産とする
信託契約を
まず一つつくる
今住んでいる家は
持ち家だから
家賃はかからない
だから
親父とお袋の年金と
次郎の給料で
当面の生活費を
まかなう
うん
うん

親父がもっと歳をとって
もし認知症になったら
自分で貯金を下ろせない
かもしれない
だけど家族信託を
しておけば、俺の手元でお金を
管理するから困ることはない
親父が認知症になっても
預金口座が〝凍結〟されずに
引き続き俺が下ろせるからね

それにもし
自宅に修繕が
必要になったとしても
お兄ちゃんの判断で
費用をまかなうことが
できるのよね

宮田先生が
信託監督人として相談に
のってくれるから
安心してお兄ちゃんに
任せられるわ
おいおい
俺を信用して
いないのか〜？
カカッ

沙耶香さん
安心してください
亮介さんは私が
しっかりサポート
しますよ！
ヒドい…
先生まで
俺を信用
していないん
ですか？

もう一つの懸案である
2棟のアパートについての
信託契約について
おさらいしましょう
これが結構
頭を悩ませたんだよな
あのアパートは
親父とお袋が
苦労して建てたものだし
アパートがあれば
家賃収入が入ってくるから
手放さないように
することが焦点だった
ああ
あのアパートを建てるために
母さんと2人でずいぶん
がんばったんだ
安定した収入があれば
お前たちばかりでなく
孫の代まで
楽ができるからな
家賃支払い
受託者
亮介
当初受益者
道男
第二受益者
第三受益者
アパート
俺が死んだら
母さんの財産として
生活費に充ててほしい
母さんも死んだら
亮介と沙耶香で
2棟を均等に受け取ってくれ
次郎には自宅を遺すから
アパートはお前たちに遺したい

お兄ちゃんのところはゆくゆくは子どもたちが継げばいいけれど子どものいない私はどうしたらいいのかを考えなければならなかったのよね

(50%)
亮介の子(50%)
亮介の子(100%)
(50%)
島田さん(紗耶香の夫: 50%)
島田家

そうですね紗耶香さんが亡くなった場合法定相続ではアパートは紗耶香さんの夫である島田さんにも相続する権利が生じます

そして島田さんも亡くなれば島田さんのアパート持ち分は島田家のものになるのです

家族信託なら
俺が建てたアパートを
孫に遺してやれる
これで俺の苦労も
母さんが
節約してきたことも
報われるというもんだ
よかったな!

家族会議の結果
皆さんが納得のいく
家族信託プランを
つくることができて
よかったです

では
この家族信託の設計に基づいて
次回は実際の信託契約書の
素案をご用意しますので
さらに実務的なポイントを
検討いただきます
お願いします!

今後は
信託契約書の素案、
修正案、最終文案の
読合せ・確認を経て
最終的には公証役場に
ご一緒して信託契約書を公正証書で
作成していただくことになります

CASE 1

将来空き家となる実家をスムーズに売却

Point

老親の自宅（実家）や預金を親の介護費用捻出のためにスムーズに使えるように備える。

- ☑親が元気でいる限り、家族信託の実行後も従来の生活は何も変わらない
- ☑親が自宅での生活が困難になっても、安心して入所できるように親の余剰金銭をあらかじめ預かっておく
- ☑介護費用捻出のため、将来的には空き家になる自宅をスムーズに売却できるように備える

事例

鈴木昭三さん（77）は、妻を亡くし、今は一人暮らし。2人の子どもは、結婚してそれぞれ離れた場所で家庭を築いているので、定期的に実家に帰って昭三さんの生活をサポートしている。

宅配弁当や訪問看護サービスを利用することで、まだしばらくは自宅での独居生活を維持できそうだが、火の不始末や怪しい訪問販売員にだまされるような不安が増せば、老人ホームに入所することを昭三さんも子どもも納得している。

施設利用料などの老後資金は、昭三さんの年金収入と預金の取り崩しでまかなうが、10年以内に預金は底をつく可能性がある。そこで、将来的には、空き家となる昭三さんの**自宅を売却**し、生涯の**老後資金を捻出**したい。ただ、その際にもし昭三さんが**認知症になっていれば、自ら売主として売却できなくなる**。老後資金の管理と給付、実家のスムーズな売却を支え手となる子どもになるべく負担をかけずに可能にするしくみを実行したい。

課題や家族の希望

❶昭三さんが普段使っている年金を除き、それ以外の余剰金銭が将来下ろせなくなる事態を避けるため、あらかじめ子が管理しておきたい。

❷昭三さんの体調に左右されないスムーズな自宅売却と売却代金について負担の少ない管理をしたい。

家族図

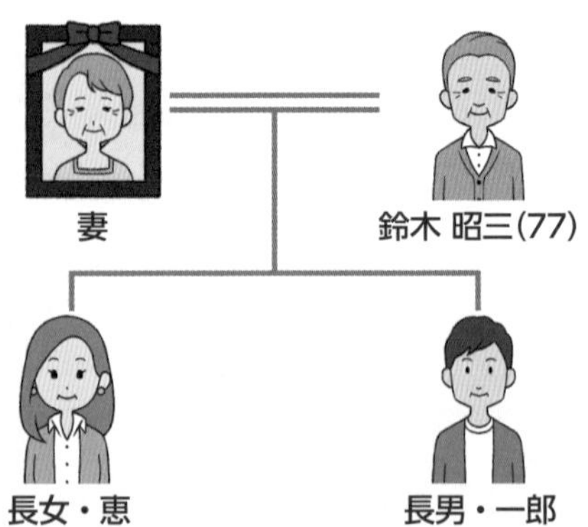

信託設計の概要

委託者　昭三さん

受託者　長男・一郎さん

（第二受託者　長女・恵さん）

受益者　昭三さん

信託財産　自宅不動産＋余剰金銭

信託期間　昭三さんの死亡まで

残余財産の帰属先

長男と長女で折半（昭三さん死亡時の状況に応じて、自宅は売却して金銭で分けることも視野に入れる）

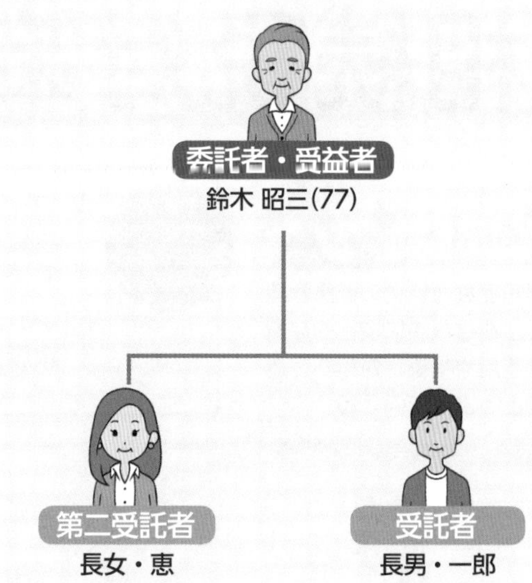

対　応　策

1 元気なうちに財産を託す

家族信託の専門家を交え、昭三さん、一郎さん、恵さんで家族会議をした結果、将来に備え、昭三さんと一郎さんとの間で信託契約を締結することに。

普段使っていない昭三さんの定期預金を解約して、その金銭と自宅の管理・処分の権限を一郎さんに託す。信託契約後は、昭三さんの判断能力が低下しても、成年後見制度を利用せずに負担の軽い財産管理を実行しつつ、適切なタイミングで自宅売却もスムーズに行い、売却後の金銭管理も継続して可能に。

2 年金受取口座も有効利用

受託者が本人に代わって年金を受け取ることはできないので、年金受取口座は従来通り昭三さんがキャッシュカードで下ろしながら生活する。昭三さんが施設に入所した後は、施設利用料をその口座から引き落しするように設定すれば、年金収入も無駄なく昭三さんのために消費できる。

3 親が亡くなった後でも受託者が売却できる

もし自宅を売却する前に昭三さんが亡くなってしまった場合、将来的に長男も長女も実家を引き継ぐ予定はないので、受託者（正式には「清算受託者」）が昭三さん亡き後でも売却を実行し、すべて現金化してから兄妹で遺産を分け合うしくみづくりも可能。

CASE 2

認知症での資産凍結・相続税対策頓挫(とんざ)を回避

Point

認知症など老親の健康状態に左右されずに積極的な資産運用や相続税対策も完遂できるように備える。

☑親が認知症後も継続して資産の積極的運用（株式や投資信託の購入など）や相続税対策（アパートの建て替え・不動産の買い換えなど）ができる備えをする

☑そのため成年後見制度はあえて使わずに乗り切るべく、家族が団結して財産管理と生活支援の体制をつくる

事例

大企業の役員まで務めた田中文作さん（83）は、自宅以外にも賃貸アパートや5千万円を超える規模の金融資産を保有している。

文作さんには、妻・優子さん（78）と長女、長男、二男・二女の4人の子（みんな結婚してそれぞれ子を授かっている）がいる。自宅は2世帯住宅で、長女家族と暮らしている。

これまで文作さん、優子さん夫婦が資産運用を行ってきたが、そろそろ子に引き継ぎながら**老親の健康状態に左右されない資産管理の体制**を整えておきたい。

また、文作さん死亡後（一次相続）については、ほぼ優子さんに残すことを想定しているが、優子さん死亡（二次相続）の際には、高額な相続税がかかることが想定されるので、**一次・二次相続に向けた相続税対策も長期的に、確実に実行**したい。

課題や家族の希望

❶現状のままでは、二次相続まで含めた相続税の負担が大きいので、相続税対策を長期的に実行していきたい。

❷文作さん、優子さんの判断能力が低下した場合の資産凍結リスクおよび相続税対策の計画実行が頓在するリスクを回避したい。

❸文作さんや優子さんの死後、遺産分割協議が難航するリスクを回避したい。

家族図

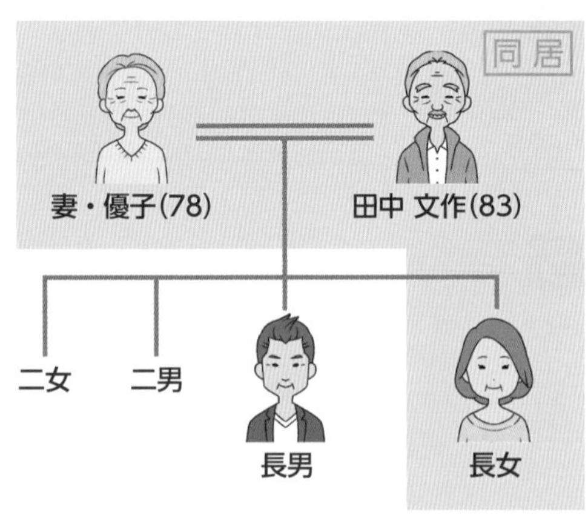

信託設計の概要

委託者　文作さん

受託者　長男・達夫さん
（第二受託者　長女・雅恵さん）

受益者　❶文作さん　❷妻・優子さん

信託財産　自宅を含めた保有不動産のすべて＋余剰金銭

信託期間　文作さんおよび優子さんの死亡まで

残余財産の帰属先

家族会議において子４人も納得した分配案を明記

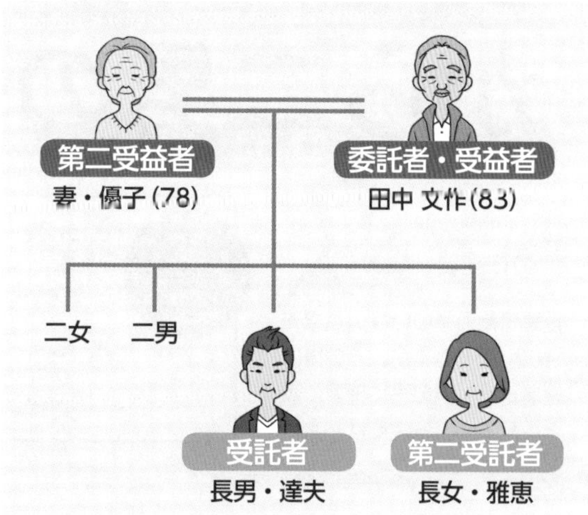

対　応　策

1 子による積極的な資産運用や相続税対策を実行

文作さんと達夫さんとの間で信託契約を締結し、文作さんが所有している不動産や余剰金銭（日常的には使っていない定期預金など）の運用や有効活用を達夫さんに託すことが可能。積極的な資産運用や相続税対策の実行は、成年後見制度を利用するとできなくなるので、後見制度を使わずに老親を支えるしくみをつくる。

2 受託者借入を駆使した相続税対策も可

信託契約により、不動産や信託金銭の管理処分権限が達夫さんに移るので、受託者の達夫さんは、不動産の賃貸、売買、修繕、建て替えなどを自己の判断で行うことができる。また、それらに要する費用をまかなうため金融機関から融資を受けることも可能で、この借入金は受益者の死亡時に相続税の債務控除が受けられる債務となる。

3 第二受益者を指定し、財産の承継と管理を一度に実現

文作さんが亡くなっても信託契約を終了させずに、第二受益者を優子さんに指定することで、信託財産はすべて優子さんに承継させることになる。したがって、主要な財産は優子さんが引き継ぎつつ、その管理は受託者が引き続き優子さんのために遂行することになる。

4 遺産分割協議の手間を極力排除する

遺言や信託契約で文作さん、優子さん亡き後の資産承継の仕方を指定しておかなければ、法定相続人による遺産分割協議が必要。二女は外国人と結婚し、海外に移住予定なので、将来の遺産分割協議書への調印作業も手間がかかる。また、もし文作さんの死亡時に優子さんが認知症になっていたら、優子さんに後見人をつけなければ、有効な遺産分割協議ができない。これらのリスクを回避するために信託契約の中で一次・二次相続の資産の承継先を明記しておくのは良策。

CASE 3

子のいない長男夫婦から二男の子への承継

Point

後継者たる子のいない長男夫婦に財産を渡すが、その後は姓を継ぐ二男の子に確実に承継させるしくみづくり。

ココをおさえる!

☑先祖から承継した一族の不動産を多数持つ地主が、さらに孫の代まで資産を長期的に承継するしくみをつくることができる

☑数十年超の長期にわたる財産管理となるため、家族で立ち上げた法人に財産管理を託すことで、受託者交代の手間とリスクを回避できる

事例

地主の内藤栄作さん（81）は、自宅の他、賃貸アパートや貸地、駐車場、農地など数多くの不動産を保有している。

栄作さんの推定相続人は、同居している既婚の長男・英之さん（51）、近所に暮らす既婚の二男、郊外にお嫁に行った長女の3人がいるが、英之さんが会社を早期退職して家業たる賃貸経営を手伝っている。

栄作さんは、自分が死んだら3兄弟が賃貸経営の方針を話し合いながらも、**同居する長男夫婦**（英之さん、由紀子さん）**に祖先からの不動産を承継させたい**と希望している。

しかし、長男夫婦には後継ぎとなる子がいないので、**長男夫婦亡き後は、**由紀子さんの実家に内藤家の資産を流出させることなく**二男の系譜**（大地くん他2人の孫がいる）**に確実に承継させたい**と考えている。

課題や家族の希望

❶栄作さんが英之さんに遺した財産は、英之さん夫婦のどちらが先に亡くなるかで内藤一族の財産が他家に流失してしまう可能性がある。栄作さんは、長男夫婦亡き後は、内藤姓を継ぐ二男の系譜に確実に財産を遺したい。

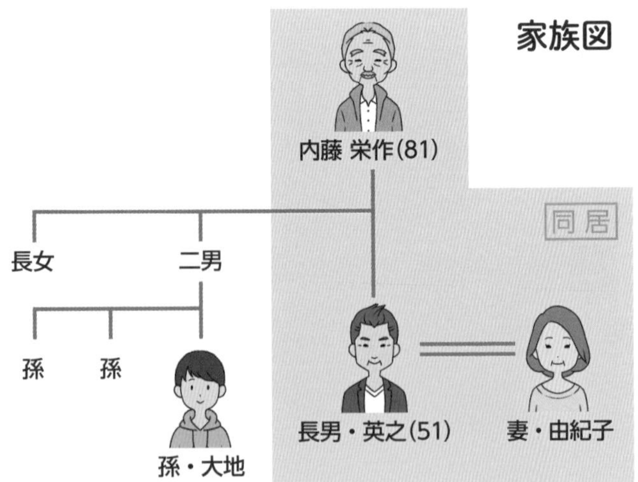

信託設計の概要

委託者 栄作さん

受託者 一般社団法人Nトラスト（栄作さんと３人の子を社員として設立。理事も社員と同様に４人、代表理事は英之さん）

受益者 ❶栄作さん ❷長男・英之さん ❸長男の妻・由紀子さん ❹二男の子３人

信託財産 自宅を含めた保有不動産のすべて＋余剰金銭

信託期間 受益者と受託者が終了の合意をするまで（無期限）

残余財産の帰属先
信託終了時の受益者（二男の子３人を想定）

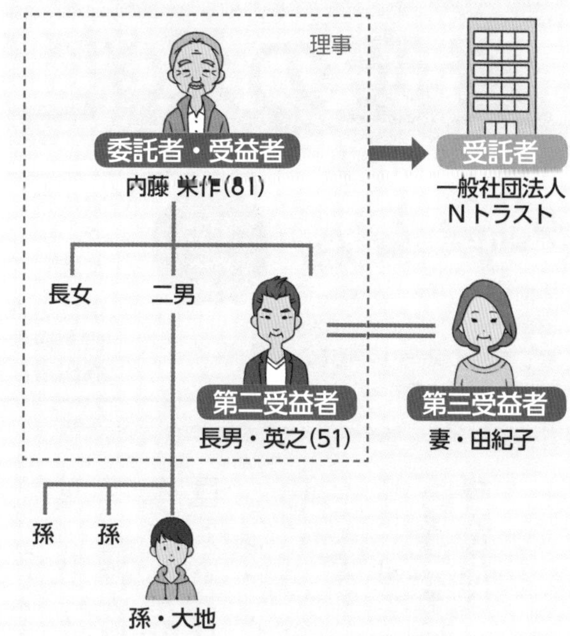

対　応　策

1 親が元気なうちに賃貸経営のノウハウを伝授

栄作さんは、Nトラストと信託契約を結び、保有不動産すべてを信託財産として、栄作さんの元気なうちから管理・活用を家族で設立した法人に託しつつ、実質的に英之さん夫婦に賃貸経営のノウハウを伝授していく。

2 長期の財産管理を法人に託して安定化

内藤家としての永続的な資産承継を考えたときに、法人を受託者とすることで受託者の死亡による口座凍結・引継ぎの問題を回避でき、長期の安定的な財産管理のしくみが構築できる。

3 受益者連続型信託で、親本人が望む資産承継を実現

「栄作→長男夫婦→二男の子」という、栄作さんが望む家産の承継の流れを確実なものにすると同時に、長男夫婦や二男・長女の家族も加わり、一族一体となって、内藤家の家産を他家に流失させずに子孫につなげるしくみを構築。

4 法人の社員や理事に兄弟を入れて円満な一族経営に

不動産を受け継ぎ守っていくのは、最終的に孫の大地くんを中心とした二男系譜となるが、その賃貸経営については、法人の社員や理事に３兄弟を入れることで、一族としての合議による経営が実現できる。また、賃料収入から受託者法人が信託報酬を受け取り、そこから理事報酬を３人の子に支払うことで、内藤家の財産を引き継がない長女側にも継続的な財産給付を行うことも可能。

CASE 4

認知症の妻を経由した資産の承継先指定

Point

判断能力のない配偶者に全財産を遺しつつ、その配偶者亡き後の資産の承継先の指定が万全にできる。

ココをおさえる！

- ☑ 家族信託と"遺言による追加信託"を併用することで、認知症の妻のために全財産を管理するしくみごと遺すことができる
- ☑ 信託の機能を使って、遺言がつくれない認知症の妻亡き後の資産の承継先の指定も夫ができるので、円満円滑な資産承継を目指せる

事例

地主の久保田利彦さん（82）は、重度の認知症である妻・花枝さん（77）を献身的に支えながら二人で暮らしている。利彦さんの推定相続人は、長男の剛さん（55）と二男の聡さん（50）の2人で、それぞれ結婚しているが、**兄弟間の仲はあまりよくない**。

利彦さんは、自宅と賃貸アパートを保有している中で、自分が死んだ後や自分が施設に入所せざるを得なくなった際には、花枝さんを在宅介護できなくなるので、施設入所をさせたいと考えている。ただ、入所費用が不足するようになれば**自宅を処分して入所費用**に充てたい。

利彦さん亡き後は、全財産を花枝さんに遺したいが、その後に花枝さんが亡くなった際には、不動産は長男に、金融資産は二男に遺したいと考えている。**できる限り兄弟間での遺産争いを防ぐ手だても講じたい**。

課題や家族の希望

❶利彦さん亡き後、花枝さんの自宅居住権や生涯の生活費をきちんと確保してあげたい。

❷信託財産から漏れた利彦さんの遺産も花枝さんに遺したいが、その財産も花枝さんに代わって子が管理できるようにしたい。

❸認知症で遺言をつくる能力がない花枝さんに遺産を残す場合、花枝さんが亡くなったときに、花枝さんの法定相続人たる長男と二男の2人が遺産分割協議をしなければならない。兄弟間の仲はあまりよくないので、遺産争いが起きないようにしたい。

家族図

妻・花枝(77)
久保田 利彦(82)
二男・聡(50)
長男・剛(55)

信託設計の概要

委託者　利彦さん

受託者　剛さん

（第二受託者　剛さんの妻

第三受託者　剛さんの長男）

受益者　❶利彦さん　❷妻・花枝さん

信託財産　自宅を含めた保有不動産のすべて＋余剰金銭

信託期間　利彦さんおよび花枝さんの死亡まで

残余財産の帰属先

不動産は長男、金銭は二男に多く分配

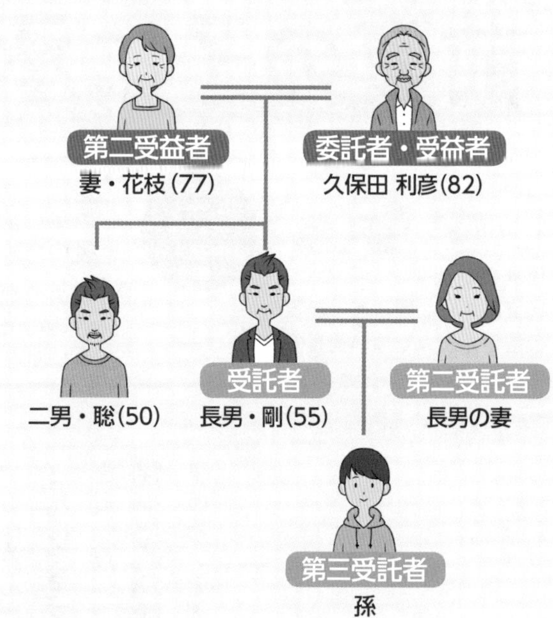

対応策

1 信託と遺言を併用して全財産の承継を網羅（もうら）する

信託財産から漏れた利彦さんの遺産（信託財産を除く利彦さん名義の預貯金・有価証券、家財・骨董品などの所有権財産）については、対策を講じないと、遺産分割協議の対象になる。そうなると花枝さんには成年後見人をつけなければならなくなり、家族の負担が増えてしまう。その事態を避けるために、信託契約公正証書の作成と合わせて遺言公正証書も作成し、信託財産以外の遺産もすべて花枝さんに承継させる。

2 遺言で追加信託をして全財産の管理を掌握（しょうあく）

認知症の花枝さんは、利彦さんの遺言で財産を受け取ったのはいいが、自分でその遺産の管理や処分ができない。そこで、これらの遺産も信託財産として剛さんに管理してもらえるように、利彦さんは遺言の中で、全財産を既存の信託契約に基づく信託財産に追加する旨を定めることができる。

3 認知症の妻に代わって遺言機能を活かし、争族回避

老夫婦亡き後に残った財産（信託の残余財産）の分配は、信託契約書の中で指定することで利彦さんの希望を実現できる。剛さんと聡さんとの間の遺産分割協議の余地を極力排除し、両親の遺産をめぐり兄弟でもめる事態を回避する。

CASE 5

後妻亡き後の財産は前妻の子に承継させたい

Point

信託の機能を使うことで、後妻の意思を問わず、後妻の法定相続人でない前妻の子にも確実に財産を遺せる。

☑遺言と信託を併用し、遺言で金融資産の半分を自分の子に遺す一方、自宅と残りの金融資産は後妻の老後のために信託で遺すことができる

☑親の全財産を後妻に取られず子自身も財産を受け取れるので、子にも心から親の再婚を祝福してもらえるしくみをつくれる

事例

佐藤勇作さん（76）には、死別した前妻との間に長男・正人さん（39）がいる。正人さんは既に結婚して家を出ており、子どもが２人いる。

このたび、勇作さんが仁美（72）さんとの結婚について正人さんに相談したところ、正人さんは再婚を祝福するとともに、勇作さんと後妻の将来の生活を支えることも約束してくれた。

勇作さんは、自分亡き後は**後妻の仁美さんに自宅マンションと金融資産の半分**を遺したい。ただ、**仁美さん亡き後は、残った遺産は正人さん**にきちんと渡してあげたいと考えている。

課題や家族の希望

❶後妻と正人さんが円満な関係の中で、勇作さん亡き後も後妻が安心して自宅に住み続けられるようにしたい。

❷後妻に遺した財産について、後妻と正人さんが養子縁組をしなければ、後妻亡き後当然には正人さんに財産を引き継がせることができないので、確実に正人さんが財産を引き継げるようにしたい。

家族図

信託設計の概要

委託者 勇作さん

受託者 前妻の子・正人さん

（**第二受託者** 正人さんの妻）

受益者 ❶勇作さん ❷後妻・仁美さん

信託財産 自宅マンション＋金融資産の半分程度

信託期間 勇作さんおよび仁美さんの死亡まで

残余財産の帰属先

正人さん（予備的に正人さんの子）

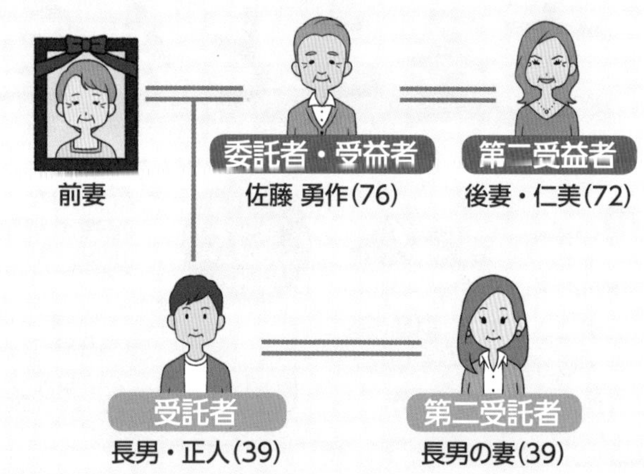

対応策

1 配偶者居住権よりも信託のほうが柔軟な対応ができる

勇作さん亡き後も仁美さんの自宅居住権を確保する意図で「配偶者居住権」（自宅マンションの所有権は正人さん、生涯無償で住み続けられる権利を仁美さんに設定する方策）を活用する選択肢もあり得る。しかし実務上は、仁美さんが生涯自宅に元気で住み続けられるかどうかわからないので、自宅を売却するとなると、配偶者居住権は消滅してしまうし、売却後の代金は正人さんの財産なので、仁美さんの財産と権利が万全となるわけではない。仁美さんが施設入所や自宅売却をせざるを得ない事態まで想定すると、配偶者居住権は使わずに、家族信託の受益者連続型で対応するほうがベター。

2 遺言も併用して前妻の子にも財産を遺す

信託契約で託された財産は、勇作さんが存命中は勇作さんと仁美さんのために使われ、勇作さん亡き後は仁美さんのために使われる。勇作さんの子である正人さんに財産（信託財産以外の財産である金融資産の半分程度）を遺す場合は、別途遺言で正人さんを承継者に指定しておくと安心。

3 信託財産の承継者は法定相続人かどうか無関係に指定できる

勇作さん亡き後、仁美さんのものとなった信託財産は、仁美さん亡き後、仁美さんと養子縁組をしていない（法定相続人の関係になっていない）正人さんに引き継がせることは法律上問題ない。

むしろ仁美さんが使い切れずに残った勇作さんの遺産を、法定相続人でない正人さんが確実に引き継げるしくみをつくれる点で信託は優れている。

後妻（仁美さん）の法定相続人でない前妻の子（正人さん）にも財産を確実に残せる点がポイントです。

CASE 6

不動産を共有で相続することを回避したい

Point

複数の子に収益物件の利益を相続させつつ、財産の管理・処分権限は一元化して資産の塩漬けを防げる。

- ☑経済的な利益は複数の子が平等に承継しつつ、財産管理の権限は特定の子に集約させることで不動産の共有にともなうトラブルを回避できる
- ☑共有相続した子が亡くなり、さらに持分がその妻子に細分化されても、財産の管理や処分に影響を与えないしくみがつくれる

事例

渡辺勉さん（77）は、7年前に自宅を7階建のマンションに建て替え、その最上階に一人で住んでいる。

将来は、長男・太朗さん（50）、二男・次朗さん（47）、長女・宏子さん（45）の**3人の子**（みんな結婚してそれぞれ子を授かっている）**に平等に相続させたい**と考えている。

不動産を兄弟で共有するのは避けるべきだと顧問税理士から忠告をされているが、子の一人にこのマンションを単独相続させると、それに見合う**代償資産（現預金、有価証券、生命保険等）はない**。

勉さんは、マンションの家賃管理や確定申告は、既に長男・太朗さんに任せているが、自分が亡くなった後もマンションは売らずに、大規模修繕しながら兄弟で**賃貸マンションの収益を平等に分けてほしい**と考えている。

課題や家族の希望

❶勉さんは自分の亡き後も従来同様に、太朗さんに賃貸マンションの管理運営を任せたい。

❷将来的に親の保有不動産を子3人で共有相続すると、さらにその先では3兄弟の相続が発生し、3家族内で持分が細分化される。そうなると、いざ大規模修繕や建て替え、売却をすべきとなっても、共有者間で話がまとまらずに資産が塩漬けになってしまうのではないかと不安に思っている。

家族図

渡辺 勉(77)

長女・宏子(45)　二男・次朗(47)　長男・太朗(50)

信託設計の概要

委託者　勉さん

受託者　長男・太朗さん
（第二受託者　二男・次朗さん
第三受託者　長女・宏子さん）

受益者　❶勉さん ❷太朗さん、次朗さん、宏子さんの３人

信託財産　自宅マンション＋金融資産

信託期間　受益者および受託者全員が終了の合意をしたときまで

残余財産の帰属先
信託終了時の受益者

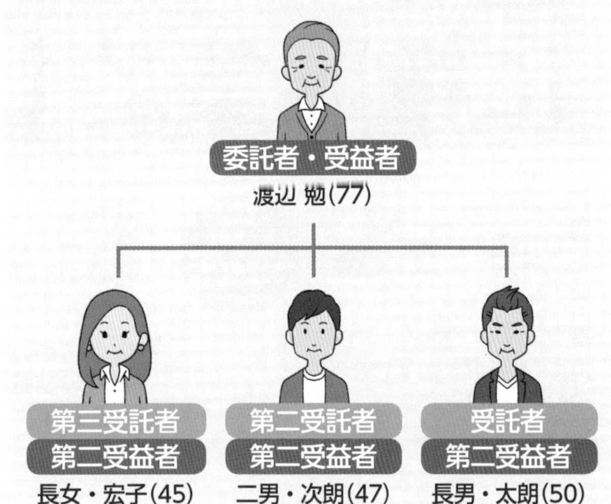

第5章 家族信託の代表的な活用事例

対応策

1 従来の口頭での委任を正式な信託契約にして権限を明確化

これまで太朗さんが便宜上行ってきた賃貸管理については、信託契約で権限を明確化し、今後の賃貸借契約の更新・解約・新規締結については、「渡辺勉 信託受託者 渡辺太朗」として契約する。

また信託契約後は、賃借人へ「家賃の振込先変更通知」を送り、家賃の収納自体を受託者太朗さんが管理する信託口座に変えてもらう。

2 賃貸経営はその権限を一元化、利益は３人で平等分配

勉さん亡き後は、第二受益者として３兄弟が均等に受益権を取得することになるので、賃貸経営は太朗さんに権限を集約させつつ、賃料収入や売却代金は兄弟で３等分できる。勉さんの想いを、不動産の共有相続というリスクのある状態にせずに実現できる。

3 共有者に生じる事情に影響を受けない万全の賃貸経営

不動産を３兄弟で共有した場合、共有者に生じる認知症や大病等により賃貸・売却に支障が出るリスクがある。また、共有者が亡くなると、その相続人（配偶者や子）に不動産持分が細分化されてしまい、共有者全員の合意を取り付けるのが大変になる。

一方、家族信託による管理を実行し、受益権を３兄弟で準共有する場合には、兄弟に生じた認知症や死亡の事情は受託者の賃貸・売却・建て替え等の判断・手続きに一切影響を与えない。

親（勉さん）が亡くなった後は、賃貸経営の権限を長男（太朗さん）に一元化することで、資産の塩漬けを防ぐ点がポイントです。

CASE 7

共有不動産を代表者に権限集約したい

Point

既に共有となっている不動産の管理処分権限を、円満に代表者に集約して、将来の紛争を防止する。

☑ **親族間で共有となっている田舎の不動産の管理を親族の一人に託すことにより、共有者個々の認知症や相続の問題から切り離し、万全の管理とスムーズな処分ができる**

☑ **地権者の財産をまとめて預かり、大規模開発（商業施設の誘致等）の計画にも応用できる**

事例

木村滝乃さん（79）は、地方にある実家の広い宅地・雑種地を兄弟姉妹の合計**6人で共有**しているが、**みんな高齢でそれぞれ健康上の不安**を抱えている。

長女の滝乃さんが兄弟を代表して管理をしてきたが、管理の負担が重くなってきたので、滝乃さんの長男・耕太郎さん（49）に任せたいと考えている。

ここ5～10年を目途に実家の土地を売却・整理する旨は兄弟間で合意が得られている。

課題や家族の希望

❶**これまで滝乃さんが担ってきた財産管理を、耕太郎さんが引き継ぐタイミングで、不動産の共有者全員から権限をもらっていることを形にしておきたい。**

❷**高齢の共有者の一人が認知症になって自分で契約する能力が失われても、あるいは共有者一人に相続が発生しても、将来の売却時において手続きが滞らないようにしたい。**

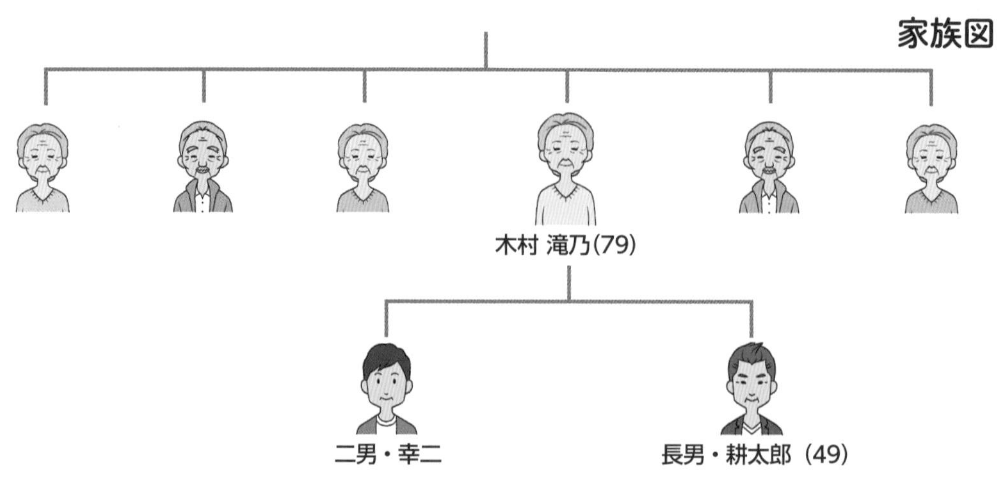

信託設計の概要

1 委託者 滝乃さん 受託者 長男・耕太郎さん（ 第二受託者 二男・幸二さん）
受益者 ❶滝乃さん ❷滝乃さんの法定相続人 信託財産 実家の共有持分
信託期間 受益者および受託者の全員が終了の合意をしたときまで／不動産の売却代金を分配し、預かる信託財産がなくなったとき
残余財産の帰属先 信託終了時の受益者

2～6 上記1と同様、耕太郎さんを受託者として他の共有者５人とも信託契約を締結する。

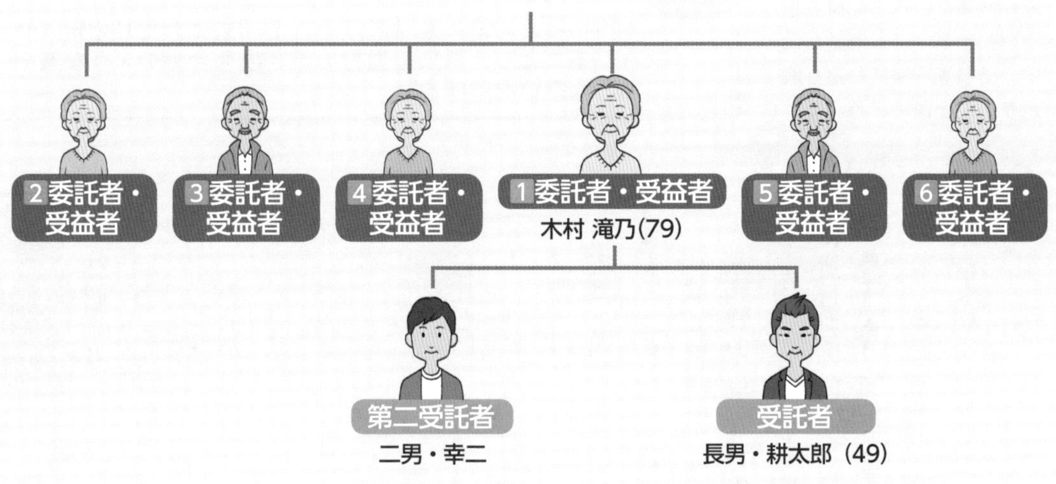

対 応 策

1 共有者全員と信託契約し、権限を集約

不動産の共有者６人が元気なうちに耕太郎さんと信託契約を締結し、全員から不動産の管理と処分の権限をもらう。これにより日常の財産管理と将来の売却手続きについての権限を耕太郎さんに集約することができ、実質的に共有状態を解消し、耕太郎さん単独で合理的・効率的な財産の管理と処分が可能。

2 信託契約は、共有者ごとに合計６本に分ける

共有不動産の管理と処分を目的とする信託契約なので、６人の共有者が１本の信託契約で耕太郎さんに管理を託すことは理論上可能。しかし、売却が完了するまでに共有者に相続が発生することまで想定すべき。共有持分に関する権利が故人の法定相続人たる家族に承継・分散することを契約書に盛り込む必要があり、信託契約の設計・条項が複雑になりかねない。

６家族分を６本の信託契約に分けることで、信託の設計もシンプルでわかりやすくできる。

3 共有不動産の売却および売却代金の分配で信託終了

信託契約でいったん権限を託しておいてもらえば、高齢の共有者に生じた認知症や相続等の事情により共有不動産の管理や処分が滞ることはない。将来的に受託者が自己の責任と判断において不動産を売却し、売却代金を６家族に分配することにより信託契約は役割を終えて終了。

仮に６家族の中に認知症の人がいて終了の合意が得られなくても、売却代金を含む預かり金銭の分配が完了したことをもって終了することも可能。

CASE 8

老親の生前に有効な遺産分割協議をする

Point

親が元気なうちに家族会議で財産承継のことを話し合い、それを将来にわたり確定することができる。

☑ 親子全員の話し合いで、親の相続後の財産承継についても信託契約で定めておくことにより、本来無効な「生前の遺産分割」を実質的に有効にできる

☑ いったん定めた財産承継案を将来にわたり確定させることで、将来の遺言の書き換え合戦のような無用な争いを防げる

事例

小林昭雄さん（83）と妻・明子さん（82）には、長男・昭一さん（60）、長女・孝子さん（57）、二男・昭二さん（54）の3人の子がいるが、今は独身の孝子さんと3人で暮らしている。

昭雄さんは、戸建ての自宅に加え、賃貸アパートを1棟持っている。

仕事で帰りの遅い孝子さんに代わり、近所に住む昭一さん夫婦が週に何度か顔を出し、生活や賃貸経営のサポートをしている。

自宅は「明子➡孝子」、アパートは「明子➡昭一」の順に承継させ、昭二さんには、両親亡き後に残る金融資産を渡すという**家族間の合意はできている**。

合意内容に基づいて昭雄さん・明子さんに遺言を書いてもらうことを考えたが、**遺言はいつでも書き換えが可能**である。将来の**財産承継に確実性を持たせる方策**はないだろうか。

課題や家族の希望

❶家族内で将来の遺産相続の内容が固まっているが、生前の遺産分割協議は無効になってしまうので、これを今のうちに何とか有効な形で残しておきたい。

❷３人の子が老親とかかわる頻度・内容が異なるので、介護等の貢献度に応じた公平感のある遺産の分配を考えたい。

家族図

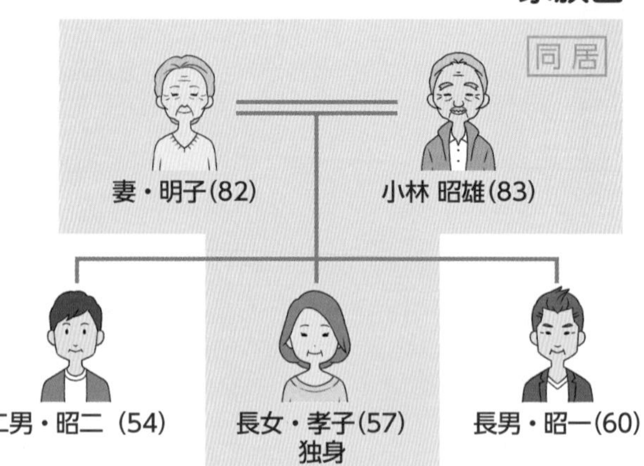

信託設計の概要

1 委託者 昭雄さん
受託者 長女・孝子さん（ 第二受託者 長男・昭一さん 第三受託者 二男・昭二さん）
※遅くとも受益者が孝子さんになった段階で第二受託者に交代する
受益者 ❶昭雄さん ❷妻・明子さん ❸孝子さん
信託財産 自宅＋金融資産の約 50％
信託期間 昭雄さん、明子さん、孝子さんの３人全員の死亡まで
残余財産の帰属先 自宅が残っていれば売却して、金銭で昭一さんと昭二さんに 6:4 の比率で分配

---

2 委託者 昭雄さん
受託者 長男・昭一さん（ 第二受託者 昭一さんの妻 第三受託者 二男・昭二さん）
受益者 ❶昭雄さん ❷妻・明子さん
信託財産 賃貸アパート＋金融資産の約 50％
信託期間 昭雄さんおよび明子さんの死亡まで
残余財産の帰属先 賃貸アパートは昭一さん、金銭は昭一さんと昭二さんに 7:3 の比率で分配

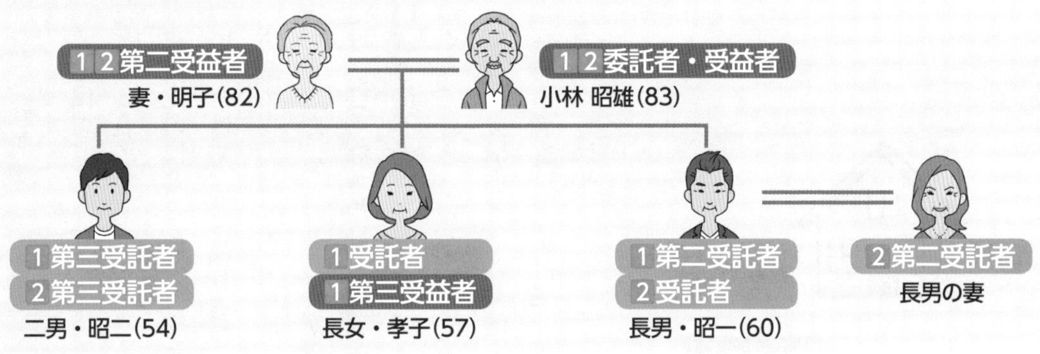

対 応 策

1 信託の遺言代用機能で「生前の遺産分割協議」を有効に

遺言による承継では、良くも悪くも遺言者がいつでも自由に書き換えできるので、柔軟性がある一方で、法的に不安定ともいえる。老親の衰えに乗じて自分に有利な遺言をつくらせようと複数の子が画策する“遺言の書き換え合戦”という事態も現実に起きている。信託の機能を活用することで、無用な書き換え合戦を排除して、家族会議でみんなが納得した資産承継については、原則として変更できないようにすることが可能。

2 信託契約は常に１本であるとは限らない

財産の継がせ方（後継受益者や残余財産の帰属先を誰にするか）や管理を託す相手（受託者）が異なれば、１本の信託契約では対応できない。ニーズに応じてあえて信託契約を複数に分けるという設計も重要。本件では、１本は独身で親と同居する孝子さんの老後の居住権の確保・生活支援まで見据えた信託にする。もう１本は、収益物件を昭一さんに渡したいという意向を踏まえ、将来財産を継ぐべき昭一さんが今から高い意識を持って管理を担うしくみの信託とする。

3 信託報酬を活用し、親からもらう財産に差をつける

複数の子の資産承継においては、老親の介護等への貢献度に応じて、信託終了時の残余財産の帰属先（残った財産の渡し方）に差をつけるのも常套手段。しかし、想定外に老親が早く亡くなってしまうと、当初の想定ほど貢献度に差がつかなくなる。貢献した期間に応じて親からもらう財産に差をつける手段として、受託者が信託財産から毎月受け取れる「信託報酬」を活用するのも良策。

CASE 9

子のいない夫婦の共有不動産を万全に管理

Point

子どもがおらず、夫婦以外には頼れる親族もいない場合に、夫婦が相互に信託と遺言をして将来に備える。

- ☑ 夫婦のどちらが先に判断能力の低下や相続が発生しても困らないように、相互に信託と遺言で"たすき掛け"をして備えることができる
- ☑ 夫婦のうち一方が亡くなったときに生存配偶者が元気でなければ、専門職が任意後見人として支援できるように備える

事例

井上保志さん（75）・保奈美さん（77）夫婦には子どもがいない。双方の実家とも、交流のほとんどない甥と姪が一人ずついるだけで、他に**頼れる親族はいない**。

夫婦の財産は、共有財産たる自宅と双方の預金だが、どちらかが**認知症になったり、亡くなったりした場合でも困らないように**、老夫婦が安心できるしくみをつくっておきたいと考えている。

また、夫婦亡き後の葬儀・納骨・永代供養や遺贈寄付、遺品処分等についても万全にしておきたい。

課題や家族の希望

1. 夫婦のうちどちらかが先に認知症になっても、元気なほうが支えられるしくみをつくりたい。
2. どちらが先に亡くなっても、遺される配偶者が生涯安心して暮らせるしくみもつくっておきたい。

家族図

信託設計の概要

1 委託者 保志さん
受託者 妻・保奈美さん
受益者 保志さん 信託監督人 司法書士
信託財産 自宅の共有持分＋余剰預金
信託期間 以下のいずれかに該当したときまで
❶保志さんの死亡
❷保奈美さんの死亡
❸保奈美さんの任務が継続しがたいと信託監督人が判断したとき
残余財産の帰属先
信託終了時の受益者。ただし、信託終了時の受益者が死亡している場合は、生存配偶者。予備的に遺贈寄付先を指定

2 委託者兼受益者・受託者を夫婦で入れ替えた信託契約をもう1本締結

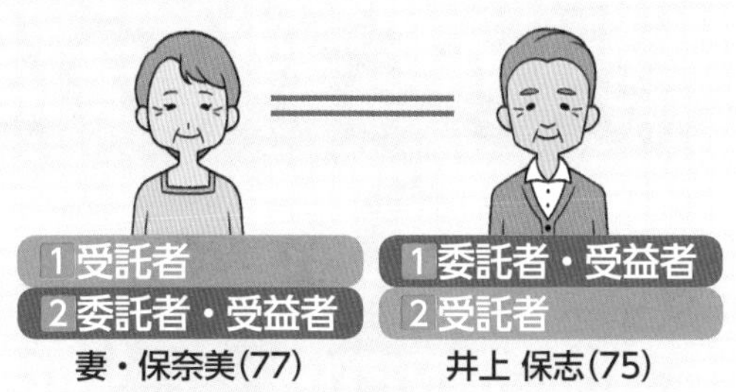

対 応 策

1 夫婦相互に“たすき掛け信託”で夫婦のリスクに備える

夫婦以外に頼れる親族がいないので、老夫婦のどちらかが先に認知症になっても困らないように、あえて相互に自分の財産を託しておく。夫婦のどちらかが“ピンピンコロリ”で亡くなったら、そのまま双方の信託契約が終了し、元気な生存配偶者が所有権財産を単独で保有することになる。

一方、例えば保志さんが認知症等で判断能力が衰えたら、保志さんを受益者とする信託契約（上記1）で保奈美さんが彼を支えると同時に、保志さんを受託者とする信託契約（上記2）は、信託監督人の客観的立場から終了のタイミングを計り、保奈美さんの所有権財産に戻す。つまり、元気な配偶者が判断能力の衰えた相手を支えるしくみをつくる。

2 夫婦ともに、または生存配偶者が認知症になった場合に備える

夫婦ともに認知症発症で判断能力が著しく低下した場合、あるいは夫婦の一方が死亡した場合、もはや家族信託のしくみは使えないので、信託契約を終了し、必要なタイミングで成年後見制度（任意後見または法定後見）を利用することになる。

判断能力低下時には信頼できる司法書士等の専門職（信託監督人と同一人物）がスムーズに後見人になれるように、あらかじめ夫婦との間で任意後見契約を締結しておくのは良策となる。ただし、法律専門職が任意後見受任者になると、判断能力の低下が発覚した時点で任意後見の申立てをする義務が発生してしまうので、あえて任意後見契約は締結せず、司法書士が信託監督人としてかかわり続ける中で、法定後見人選任審判の申立てをするタイミングを計るという選択肢もある。

3 遺言と死後事務委任契約も併用して円滑な最期を実現

夫婦のどちらが先に亡くなっても、確実に全財産を生存配偶者に渡せるように、信託契約と同時に遺言も作成し、夫婦死亡時に残った遺産については遺言で遺贈寄付する。また、生存配偶者が亡くなった際の葬儀・納骨・永代供養、遺品整理等については、親族に担い手がいないので専門職を受任者とする「死後事務委任契約」で対応する。

CASE 10

障害がある子の親なき後の生活を守りたい

Point

将来、親が元気でいられなくなっても、信託と成年後見制度で障害のある子の生活を支えるしくみをつくれる。

☑老親が元気でなくなっても、健常な子が老親と障害のある兄弟を支えるための財産管理のしくみをつくれる

☑信託と成年後見の併用で家族になるべく負担をかけずに支え続けるしくみをつくれる

事例

山本美幸さん(75)は、知的障害があって作業所に通う二男・弘次郎さん(35)と二人暮らし。

同じ市内には、長男・浩太郎さん(42)の家族が暮らしており、困ったときには駆けつけてくれる。長女・麻美さん(40)は、結婚して海外に移住し、連絡が取れていない状況。

美幸さんは、弘次郎さんとの生活について経済的な不安はないが、**自分が支えきれなくなった後の弘次郎さんの生活が心配**。特に最近は、体力にも記憶力にも衰えが顕著(けんちょ)で、自分が生きている間であっても支えきれない事態が起こり得ることを認識し始めた。

いざというときに浩太郎さんは頼りになるが、浩太郎さんにも家庭があるので、あまり負担をかけるわけにはいかないと悩んでいる。

課題や家族の希望

❶老親の死後のことではなく、老親が生きているうちに障害のある子を支えられなくなる事態に備え、今から安心できるしくみを用意しておきたい。

❷親と兄弟では、障害のある子に対する思いに決定的な差がある。兄弟には自分たちの人生を大切にして生きてほしいので、なるべく兄弟に負担をかけないようにしたい。

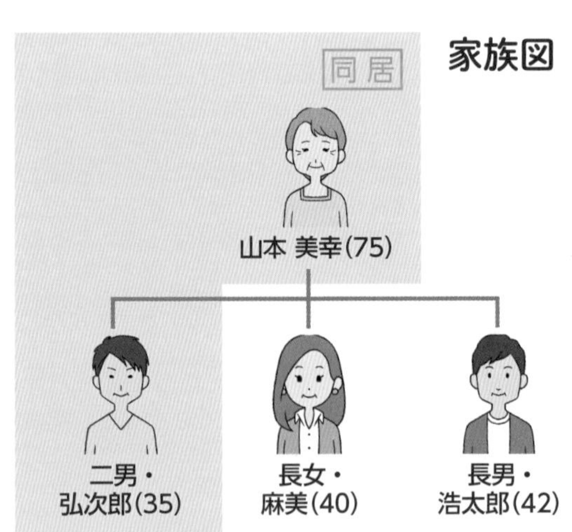

信託設計の概要

委託者　美幸さん
受託者　長男・浩太郎さん
（第二受託者　浩太郎さんの妻）
受益者　❶美幸さん
❷二男・弘次郎さん
信託財産　自宅＋金融資産
信託期間　美幸さんおよび弘次郎さんの死亡まで
残余財産の帰属先
浩太郎さん（予備的に浩太郎さんの子）

対　応　策

1 親なき後に備え、あえて職業後見人をつける

弘次郎さんに職業後見人をつけ、障害のある子の生い立ち・性格・趣味趣向・生活実態等についてきちんと情報を引き継ぎ理解してもらえると、美幸さんとしても弘次郎さんとしても安心できる。そこで、美幸さんが元気なうちに、あえて美幸さんと司法書士等の法律専門職の２人を成年後見人とする法定後見開始の審判申立てをする。

そうすることで美幸さんが元気でなくなっても、弘次郎さんの身上保護については職業後見人が対応できる。浩太郎さんにとっては、親族として気楽に会いに行ったり、弘次郎さんの体調不良時に親族として医療同意をしたり、という程度の負担の少ないかかわり方が実現できる。

2 家族信託と法定後見と遺言の併用

美幸さんの老後の財産管理（認知症対策）は、家族信託で万全にする。弘次郎さんの財産管理は、受託者の浩太郎さんと後見人司法書士が協力・役割分担をして、信託と後見の制度の限界を補いながら弘次郎さんの生涯の生活について万全の支援体制を目指す。

なお、美幸さんの全財産を信託契約で預かることはできないので、信託財産以外の財産については、遺言を併用する。そうすることで、音信不通の麻美さんの協力がなくても全財産についての承継がスムーズにできる。

3 信託の「遺言代用機能」で遺産分割協議の必要性・争族を回避

弘次郎さん亡き後に信託財産が遺っていれば、遺言を書けない弘次郎さんに代わって美幸さんがその引継ぎ手を指定できるので、麻美さんを交えた遺産分割協議の余地を排除できる。弘次郎さんの遺産に対して遺留分を持たない麻美さんは、信託の残余財産がすべて浩太郎さんにいくことに異議は言えない。なお、この信託の機能を使えば、もし弘次郎さんが一人っ子の場合、弘次郎さん死亡時に法定相続人がいなくても、国庫に帰属されることなく希望する相手（遺贈寄付先など）に財産を渡すことができる。

CASE 11

中小企業（家業）の経営を円滑に承継

Point

大株主の体調不良による会社の経営判断がストップするのを避けつつ、円滑な事業承継を目指すしくみをつくる。

- ☑大株主に死亡・認知症・大病などの事態が起きると、株主総会が開けず、決算承認・役員改選等の重要な経営判断がストップしてしまう
- ☑株式が相続などにより、意図しない時期に望まない相手に渡ってしまうのを防ぎ、円滑な事業承継を目指せる

事例

中村興産の社長である中村英雄さん（65）は、自社株を100％持つ創業者オーナー。後妻との二人暮らしだが、最近健康上の不安を抱えている。推定相続人は、後妻と、前妻との息子2人の計3人だが、後妻と息子たちとは関係が微妙。

会社の経営は、あと5年で二男・雄二さん（34）に譲る予定だが、株式はあえて渡さず、自分の目の黒いうちは重要な経営判断を自分でできるようにしておきたい。

もし今、英雄さんが急病で倒れてしまうと、**株主総会が開催できず、決算承認も役員改選もできなくなる**。そうなるとメインバンクからの融資にも支障が出かねない。

また、もし今、英雄さんが急死してしまうと、経営にかかわっていない**後妻に自社株が流出するリスク**がある。

英雄さんの**生存中と死亡後**の2つの場面における**経営リスクに備えたい**。

課題や家族の希望

❶大株主が大病や認知症になると、株主総会が有効に開催できず、経営判断がストップしてしまうリスクに備えたい。

❶大株主の急死により、自社株が後継者でない者に分散するという経営リスクに備えたい。

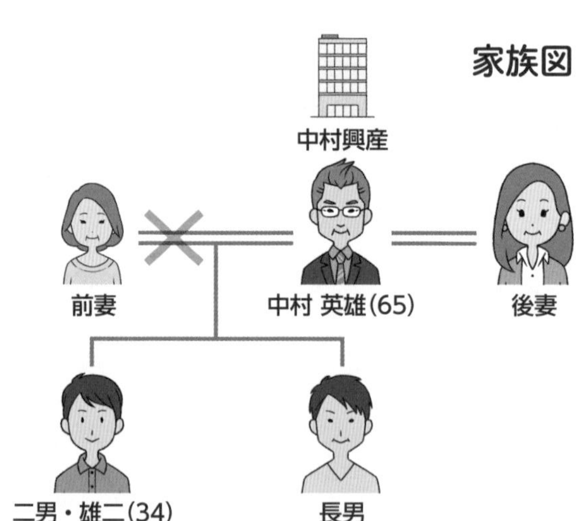

信託設計の概要

委託者　英雄さん
受託者　二男・雄二さん
受益者　英雄さん
指図権者　英雄さん
信託財産　自社（未上場）の発行済株式すべて
信託期間　英雄さんの死亡まで
残余財産の帰属先　雄二さん

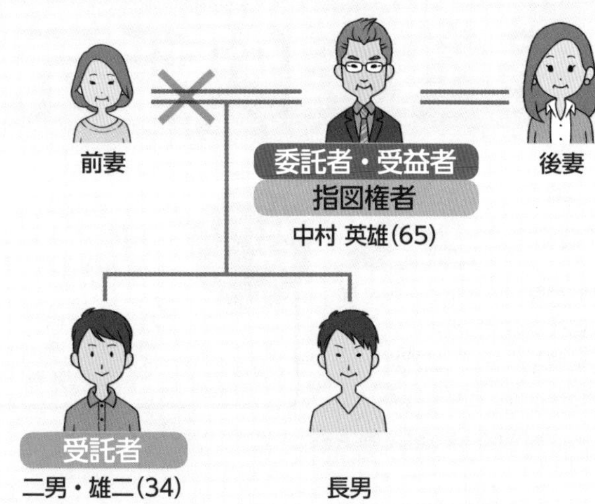

対　応　策

1 会社経営における認知症対策

自社株を信託財産とする信託契約の締結により、株式の管理権限（株式の売却や株主としての権利行使する権限）は雄二さんに移るが、英雄さんが元気なうちは「指図権者」（株主総会において議決権を行使する受託者に議案の賛否の指図をする者）として引き続き経営判断を行うことができる。もし大株主たる英雄さんが大病や認知症になった場合には、受託者たる雄二さんが株主としての権利を自己の判断で行使できるので、株主総会を有効に開催し、雄二さんが実質的に経営を引き継げる。

2 「遺言代用機能」で円満・円滑な事業承継を

信託財産としての自社株は、信託契約書の中で英雄さん亡き後の承継者の指定ができる（遺言と同じ効果を持たせることができる）ので、事業承継にとって好ましくない相続人に株式が分散するリスクを排除できる。

3 株式の信託には、譲渡承認手続きが必要

一般の中小企業は、会社の定款において「当会社の株式を譲渡するには、取締役会（株主総会）の承認を要する」旨の規定があるので、自社株を信託財産に入れる場合は、会社法上の譲渡承認手続きを適切に経る必要があることも忘れてはならない。

自社株を信託財産として信託設計を行い、承継者の指定をすることで、意図しない自社株の分散を防ぎ、円滑な事業承継を可能にします。

CASE 12

自社株を生前贈与しつつ経営権は手元に確保する

Point

株価を見極めながら、後継者に自社株の全部または大半を生前贈与しつつ、経営権は確保し続けることができる。

ココをおさえる!

- ☑「自己信託」を活用することで、株式という財産を後継者に生前に渡しつつ、株主の権利（議決権等＝経営権）は、引き続き現社長が掌握できる
- ☑自己信託を実行した時点で贈与税課税となるので、信託財産たる株式の株価評価を踏まえて実行するタイミングを見極める

事例

小沢商事の創業者である小沢金蔵さん（72）は、自社株を100％保有するオーナー社長。

ゆくゆくは同社の部長を務めている一人息子の小沢光一さん（40）に経営を譲りたいと考えている。

今期は大規模な設備投資をしたこともあり、**株価はかなり低いが、来期以降は大幅な業績拡大と株価上昇**が見込まれる。

そこで、相続税対策として、今期のうちに後継者たる光一さんに自社株の大半を生前贈与することを計画したが、発行済株式の大半を手放せば、実質的に光一さんが経営権を持つことになってしまう。

金蔵さんは、**自社株を生前贈与しても**もうしばらくは社長を続け、**経営権は手元に置いておきたい**と希望している。

課題や家族の希望

❶株価の低いうちに自社株を後継者に生前贈与して、円滑な事業承継・相続税対策を実現したい。

❷社長職や経営権はすぐに譲らずに、息子の能力を見定めながら徐々に権限を移譲したい。

家族図

小沢 金蔵(72)

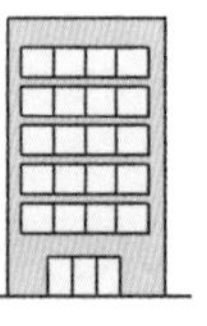

小沢商事

長男・光一(40)

信託設計の概要

委託者　金蔵さん
受託者　金蔵さん
受益者　長男・光一さん
信託監督人　顧問税理士
信託財産　自社（未上場）の発行済株式すべて
信託期間　❶金蔵さんの死亡
❷受益者および信託監督人が終了の合意をしたときまで
残余財産の帰属先　光一さん

対　応　策

1 自己信託で経営権を保持する

自己信託設定公正証書は、金蔵さんが公証役場において単独で作成できる。これにより、株式が信託財産となるが、株主総会における議決権の行使は、受託者たる金蔵さんが行うので、信託実行前と経営主体は何ら変わらない。

2 贈与税の課税に注意が必要

自己信託が始まった時点で、財産権としての株式は、生きている金蔵さんから無償で光一さんに移ったことになるので、「みなし贈与」として贈与税の課税対象になる。しかし、今期の株価が低ければ贈与税の納税が生じないので、課税なしで後継者に事業資産を渡しておくことができる。

つまり、自己信託は、「光一さんへの株の生前贈与＋光一さんから金蔵さんへの信託」を一つの手続きとしてまとめたような効果となる。

3 自己信託は経営者の判断能力低下等で終了させる

自己信託は、親世代（委託者兼受託者）が元気な間しか使えないので、認知症対策として信託の活用をする一般的な方法とは趣が異なる。

そのため金蔵さんの死亡時はもちろん、認知症の発症などで経営権を光一さんに渡すべきときに自己信託を終了する設計をする。ただ、金蔵さんが急に判断能力を喪失してしまったら、自己信託を終了させる意思表示もできなくなってしまうので、光一さんと信託監督人たる顧問税理士の合意でスムーズに終了できるようしておくことが重要。

自己信託を終了させたときに、後継者の光一さんが確定的に所有権財産としての株式を持つことになり、その時点で株主として光一さんが経営権を掌握することになる。

なお、自己信託以外にも「種類株式」「属人的株式」を利用する方策もあるので、この分野に精通した法律専門職に相談をすることは不可欠といえる。

配偶者居住権と受益者連続型信託

「配偶者居住権」とは、2020年4月1日施行の改正民法により創設された制度で、相続発生により遺された配偶者が被相続人の所有する建物に居住していた場合に、相続発生後も配偶者が賃料の負担なくその居住建物に住み続けることができる権利のことをいいます。この「配偶者居住権」と生存配偶者を第二受益者に指定する「受益者連続型の家族信託」とを比べた場合に、一般論としては後者のほうがお勧めできるといえます。その理由について簡潔に触れます。

①自宅を処分したい場合の対応力の違い

配偶者居住権に基づき自宅に住み続けている配偶者が入院・入所せざるを得なくなったとき、空き家となった自宅を売却処分し、配偶者の介護費用を捻出したい場合には、配偶者居住権を消滅させたうえで、自宅所有者（子）が売却手続きを実行する必要があります。そのため、自宅の売却代金は所有者たる子の財産になり、配偶者がその売却代金を手にできるわけではありません。

一方、家族信託を導入した場合、第二受益者として指定された配偶者は、実質的に自宅を承継したことになりますので、受託者たる子が売却手続きをしたうえで、その換価代金は丸ごと配偶者の財産（信託財産たる金銭）として自分の介護費用に使うことができます。

②認知症対策にならない

配偶者居住権は、遺言または遺産分割協議で設定することになりますので、一次相続発生前（夫の生存中）の財産管理に対しては、何らの対策（認知症による資産凍結対策）になりません。また、一次相続後の配偶者（妻）の財産管理・生活サポートについても役立つしくみにはなりません。

例えば、配偶者居住権で自宅建物に住み続けていた配偶者が入院・入所して空き家になった場合を想定しましょう。自宅所有者の承諾を得て配偶者が自宅を賃貸に出して収益を得ることができますが、配偶者が認知症等で自ら貸主として賃貸ができない状況になれば、それも困難になります。また、もし自宅売却のために配偶者居住権を放棄して、その対価を子から妻がもらった場合でも、その対価たる金銭の管理を自分でできない健康状態になれば、その対応策を別途講じなければなりません。

1
2
3
4
7
10
12
14
最終案
メールで送ってもらい最終確認！
確定

公証役場
3F
——でお間違えありませんか？
委託者
受託者
亮介
道男
お預かりして、信託登記のお手続きを進めますね
公正
正本

手続きも
これですべて
終わりか…
この数カ月
みんなで
何度も集まって
大変だったな

その苦労を
ねぎらうために
みんなで食事を
するなんて
親父も粋なことを
考えてくれたね
Restlate

カラン
お待たせ

宮田先生
斉藤先生
いろいろと
ありがとうございました
おかげさまで
手続きを無事に
済ませることが
できました
今日はお招き
ありがとう
ございます
手続きが
終わって
よかったです

それじゃあ
無事に手続きが
できたことを祝して
乾杯しよう
かんぱーい!

これで万が一
お父さんに何かあっても
お母さんや次郎を
支えていけるわね
俺もまだまだ
がんばるつもりだが
こうやって
将来の見通しがつけば
肩の荷がおりた
感じがするよ
初めは不安も
あったし
ぶつかることも
あったけど
うまくいって
よかったよ

それを聞いて
私もうれしいです
何度も話し合った
甲斐がありますね
今回は先生に
お世話になりながら
いろいろ勉強に
なりました
私たちは
使わなかったけど受託者に
「信託報酬」を支払う
という考え方もあるなんて
知らなかったもの

親をサポートした年数に応じて
親からちょっとずつ
対価をもらうことで
実質的に貢献度に応じた
公平感のある
遺産分配の調整に
使えるのよね
俺たちのほうが
親父やお袋の面倒を
みることが多いから
それに合わせて
遺産の分配を決めたほうが
公平な相続にもなるというのも
一つの考え方だね

せっかくですから
今後も家族会議を
定期的に行って
いってください
ご要望あらば
私も同席しますので
そうですね
離れて暮らす沙耶香にも
両親の体調や財産状況を
知っておいてほしいし

ちゃんとお金の
管理してるか
チェックするからね
ニヤニヤ

おわりに

この本を最後までお読みいただきまして、誠にありがとうございます。いかがでしたでしょうか？　「家族信託」というしくみの有効性・可能性について、なんとなくでも感じていただけたのならうれしいです。

さらに言うと、家族信託よりも「家族会議」の重要性について、ご理解と共感をいただけたら、もっとうれしいです。

私がライフワークとして日々取り組んでいる「家族信託等のしくみを駆使した安心できる高齢者・障害者の財産管理と円満円滑な資産承継の設計コンサルティング業務」は、まさに家族会議に同席させていただくところからスタートします。

親子間・家族間の話し合いの中で、それぞれが抱く不安な点・不明な点を解消すること、誤解や勘違いを正すこと、さらには、たび重なる話し合いで、親子間・兄弟間に生じていた疑心暗鬼や不信感・わだかまりなどを取り除くことも可能となります。そのプロセスこそが、最も重要で、最も尊いものだと、数百の家族会議に同席をさせていただく中で実感をしております。

「親の老後に向き合うというきっかけがなければ、親子間や兄弟間で長時間話し合う場など設けられなかった」「家族会議をして本当によかった」と言ってくださる方がほとんどです。

私は、可能な限り家族会議の場などで家族写真を撮らせていただいています。といいますのも、私が一度ご縁をいただくと、信託契約の存続とともに（存続に限らず）何十年とご縁が続くので、何年・何十年経っても顔写真を見れば信託設計当時のやり取りの記憶をすぐに呼び覚ませるようにするためです。その写真は、ご家族にもお渡しをさせていただいておりますが、皆様に本当に喜ばれます。旅行や会食の際に、嫁・婿・孫などを交えて家族・親族の集合写真を撮ることはあっても、老親世代と子世代だけで一緒に写真を撮る機会は、実はあまりないのです。しかも、何度か家族会議を重ねた後の不安や憂いがないご家族のお顔は、晴れやかで本当にいい写真ばかりです。

親子間・兄弟間・親族間のコミュニケーション（意思疎通）の重要さを日々痛感している私としては、この世の中に有意義な「家族会議」が増えれば、極論をいえば、家族信託や遺言などの具体的な施策を実行しなくても（実行できなくても）、それこそ安心した老後を過ごせる方が増え、無益な遺産争いも減らせると信じております。

そんなことを考えながら、安心できる高齢者・障害者の財産管理と円満円滑な資産承継の一助として、この本が皆様のお役に立てることを切に願っております。

司法書士・行政書士　**宮田 浩志**

さくいん

た行

●著者

宮田浩志（みやた・ひろし）

司法書士・行政書士

宮田総合法務事務所代表。一般社団法人家族信託普及協会代表理事。後見人等に多数就任中の経験を活かし、家族信託・遺言・任意後見等のしくみを活用した「認知症による資産凍結対策」「争族対策」「親なき後問題」について全国からの相談が後を絶たない。

特に家族信託のコンサルティング分野では先駆的な存在で、日本屈指の相談・組成実績を持ち、全国でのセミナー講師、ＴＶへの出演依頼、新聞・雑誌への寄稿も多数。

全国の弁護士、司法書士、行政書士等の法律専門職などに家族信託のコンサルティング技術や信託契約書のつくり方を提供している。

著書に『改訂新版 相続・認知症で困らない 家族信託まるわかり読本』（近代セールス社）、『図解 2時間でわかる！ はじめての家族信託』（クロスメディア・パブリッシング）などがある。

● Webサイト

宮田総合法務事務所　https://legalservice.jp/

個人信託・家族信託研究所　https://www.trust-labo.jp/

一般社団法人家族信託普及協会　https://kazokushintaku.org/

スタッフ

本文デザイン●菅野祥恵（株式会社ウエイド）

マンガ●森崎達也（株式会社ウエイド）

本文イラスト●千坂まこ（株式会社ウエイド）

編集協力●有限会社ヴュー企画

編集担当●山路 和彦（ナツメ出版企画）

本書に関するお問い合わせは、書名・発行日・該当ページを明記の上、下記のいずれかの方法にてお送りください。電話でのお問い合わせはお受けしておりません。

・ナツメ社 web サイトの問い合わせフォーム
https://www.natsume.co.jp/contact

・FAX（03-3291-1305）

・郵送（下記、ナツメ出版企画株式会社宛て）

なお、回答までに日にちをいただく場合があります。正誤のお問い合わせ以外の書籍内容に関する解説・個別の相談は行っておりません。あらかじめご了承ください。

図解 いちばん親切な 家族信託の本

2021年10月1日　初版発行
2023年 6 月20日　第4刷発行

著　者　宮田浩志

発行者　田村正隆

発行所　株式会社ナツメ社
東京都千代田区神田神保町 1-52　ナツメ社ビル 1F（〒 101-0051）
電話　03（3291）1257（代表）　FAX　03（3291）5761
振替　00130-1-58661

制　作　ナツメ出版企画株式会社
東京都千代田区神田神保町 1-52　ナツメ社ビル 3F（〒 101-0051）
電話　03（3295）3921（代表）

印刷所　広研印刷株式会社

ISBN978-4-8163-7078-6　Printed in Japan

〈定価はカバーに表示してあります〉〈落丁・乱丁本はお取り替えします〉